穿越世纪的光

周有光画传

《周有光画传》编委会——编著

生活·讀書·新知三联书店

目 录

出版说明

1906 年 1 月 13 日（农历乙巳年十二月十九日），周有光生于江苏常州青果巷礼和堂。他是我国著名的语言文字学家，也是接受"五四"精神熏陶、健存至今最年长的文化大家。

周有光先后在上海圣约翰大学、光华大学学习经济学、语言学，并曾留学日本。日本全面侵华后，周有光随国民政府转移至重庆，历任工业经济研究所副所长、经济部农本局重庆办事处副主任。1941 年，调至新华银行任职，抗战胜利后被派驻美国工作。

1949 年，周有光由香港回到上海，先后于新华银行、人民银行任职，并于复旦大学、上海财经学院讲授经济学。1951 年调任中国文字改革委员会拼音化研究室主任，参与拟订了《汉语拼音方案》。"文革"期间，周有光被下放宁夏。1991 年，85 岁的周有光离开语言文字学研究岗位，正式离休。

111 岁的周有光，50 岁前是金融学家和经济学教授，85 岁前是语言文字学家，85 岁至今是关注时代变化和历史演进问题的文化学家。

离休之后，周有光以独特的视角，对人类文明进程和中外历史进行了深层次的审视。他认为，在全球化时代，"要从世界看国家，不要从国家看世界"。

周有光晚年系统、缜密的文化学、历史学探索，在知识界产生了广泛深远的影响。他的文章具有超然的气度、开阔的眼光，而且语言洗练、浅显、风趣。

这本《周有光画传》描述了周有光的主要生平，引用了他本人的部分回忆文字，并选取了最具代表性的反映时代背景或生活场景的图片。希望读者能借此在短时间内熟悉、了解周有光，了解他丰富的人生经历，了解他思想的历史成因，并从中窥见百余年来近代中国的全貌。

生活·读书·新知三联书店

2016 年 12 月

世纪风雨

19 世纪后期，西方先进国家经历了一系列科学和思想革命之后，先后进入现代工业文明社会。伴随着资本主义的扩张，中国——一个失去了古典辉煌的国家再次出现在世界各国的视野中。世纪交替，英国、德国、法国和美国等主要西方国家已经完成工业革命；欧洲正经历着由量子物理学带来的最令人兴奋但也是最严峻的知识冒险；马克思主义极具鼓动人心力量的理论种子，飘落到了俄国这个处于经济和社会发展十字路口的半东方国家。两次鸦片战争虽然已经结束，炽烈的烟火却仍在熏燎着受伤的中国人迷茫的眼睛：这个以出产丝绸和瓷器闻名的国家，虽然被迫打开了深闭固拒的国门，但了解西方世界以后的中国知识分子，传递给普通中国人的，更多的是深深的羞辱感。

1901 年 9 月 7 日（光绪二十七年七月二十五日），《辛丑条约》签订（参见图 1-1，1-2），列强对世界的争夺尚未结束，新的世纪在无序和难以预测的变化中展开。

1906 年 1 月 13 日，江苏常州的青果巷有些破旧的礼和堂内（参见图 1-3，1-4），迎来了一个被家族期待许久的男孩，取名周福耀。福耀出生时母亲徐雯已经生了五个女儿，存活三个。上小学时，父亲周葆贻嫌福耀这个名字俗气，把"福"去掉，变成单名"耀"。周耀比末代清帝溥仪早一个月来到人世——此时的清朝已经摇摇欲坠。

青果巷是常州南市河北侧的一条长约千米、东西向的古老小街，与运河

:: 周葆贻（1866—1938）

:: 徐雯（1868—1964），
摄于 1939 年，徐雯已经
72 岁，仍仪态万方

毗邻（下图，参见 1-5）。清末民初，青果巷（10 页图）一直是中上阶层居住的地方，中国近现代史上一些有影响的家族和人物曾经在这里居住，如盛宣怀、刘国钧、赵元任、瞿秋白等等。

　　周有光的曾祖父周赞襄早年做官，后来辞官从商，开办了纺织厂，积累了一些钱财。太平天国战乱，周赞襄组织乡团护城，城破殉节。后来清政府念他有功，封为"世袭云骑尉"，每年有俸禄，辛亥革命之后停止。周有光祖父周逢吉不善于理财，至其父周葆贻一代，家庭经济状况开始窘迫。周葆贻（左上图）当过常州女子师范学校教员，办过国学馆。周有光的母亲徐雯（左图）出生在宜兴一个富裕家庭，性格外柔内刚。周有

:: 20 世纪 20 年代拍摄的这幅照片展现了当时江南运河的场景

:: 青果水巷

光出生的前一年，父亲娶张氏为妾，但这个人口众多的家庭，在表面的铺张下已经出现某种裂痕。这年的农历年底，即1906年1月13日，徐雯生育了她第六个孩子周有光，除了早夭的两个女孩外，周有光已经有了三个姐姐。

童年时期周有光生活在一个以女性为主的大家庭中，女性在培养耐心和细致方面可能对他产生了重要的影响：

我大概三岁开始，常常跟祖母在一起。我的祖母住在河旁边的

穿越世纪的光

房子，大玻璃窗，有月亮的时候特别好。祖母教我念唐诗。祖母娘家是一个大家，在女孩子时受很高的教育，那时候没有新式学校，她在妇女中是了不起的，打官司她拿起笔来能写状子，很有学问……

我的母亲对我影响大。母亲是读老书的，没有进过新学校，她的文笔不行，我的祖母的文笔很好。祖母是高级知识分子，母亲是普通知识分子，她看书没有问题，可是写文章不行。我的母亲性格温和，向来不生气，她常说一句古话："船到桥头自然直。"不要着急，着急也没有用处。她经过那么多困难，到九十六岁去世，头发黑的，耳朵不聋，眼睛也不花。

《我的人生故事》，周有光著，当代中国出版社，2013年9月第1版

虽然家庭经济不如以前，但还是提供了当时只有极少数家庭才有的先进的、中西结合的教育方式。这使得生性沉静的周有光享受到童年的快乐，他对外部世界的观察兴致盎然：

上小学之前，我们家请了中文、英文、舞蹈老师，教我的姐姐们。我年纪太小，没有条件上她们的课。我就去偷看，家里买了一架风琴，一位女老师教姐姐们唱歌跳舞，一位年轻的男老师教英文，一位老先生教中文。

《我的人生故事》

1911年，辛亥革命爆发。（参见图1-6，1-7）次年，民国成立，清朝覆灭，

:: 常州东河雪景

溥仪退位。（参见图 1-8，1-9）这一年周有光进入育志小学读书。这所学校创办于光绪年间，校址由旧庙改建，后来迁到青果巷东口的县城隍庙内，校内还存有老戏楼。

1914 年 7 月，第一次世界大战爆发，虽然它发生在欧洲，但很快波及世界其他国家。1917 年，俄国"二月革命"爆发，继而又出现"十月革命"。这些大事件对未来的中国将产生重大影响。（参见图 1-10，1-11）

"一战"爆发之后，中国开始了民族资本主义发展的第一个短暂的黄金时期，国家正缓慢而艰难地试图向现代社会转型。这期间，周有光顺利地读完了小学，成绩好还跳了一级。在他读小学期间，母亲生下了她最后的一个孩子，又是一个女儿。

:: 李伯元（1867—1906），清代作家，代表作《庚子国变弹词》《官场现形记》等

:: 吴稚晖（1865—1953），中国近代资产阶级思想家、政治家、教育家、书法家，中央研究院院士

:: 屠寄（1856—1921），
清末民初史地学家、教育
家、社会活动家。光绪
十八年进士

从明代起，常州设府，清雍正四年（1726），常州府分辖八县，史称"八邑名都"（12页上图）。到19世纪初期，常州已是中国近现代经济、文化最发达的城市之一。教育水平与苏州和松江齐名，高于周边地区，还设有府学，所辖各县则设县学。（参见图1-12、1-13、1-14，1-15）清朝，常州名人荟萃，如赵翼、张鹤龄、段玉裁、李伯元（12页中图）、屠寄（本页图）等。段玉裁（1735—1815）著有《说文解字注》；张鹤龄（1867—1908）提出"废科举，兴学堂"，倡导新式教育，主张对文字进行改革；此后的吴稚晖（12页下图），致力于国音统一，倡导勤工俭学；而屠寄则是中国现代地理学的开拓者，曾入两广总督张之洞幕，任广东舆图局总纂，主修《广东舆地图》，并在广雅书局与缪荃孙等整理《宋会要》稿本，有《蒙兀儿史记》等著作。

周有光出生的前一年（1905），清政府为大势所迫，不得不废除科举、推广学堂。1907年11月15日，经过一年的筹建，常州知府联合当地士绅创设的新式"常州府中学堂"（参见图1-13、1-14）正式启用，这是当时中国最先进的中学之一。更重要的是，"我们那个时代，无论小学中学，老师的水平好得不得了"，周有光如是说。大批已经接触西方先进思想和教育体系的知

::屠元博（1879—1918），著名史地学家屠寄长子。民国名士，常州中学创办人，曾在北京担任中华民国国会议员。1902年留学日本，就读于千叶专门学校。留学期间加入孙中山领导的同盟会

识分子，包括早期留美学童，后来均成为推进民国教育及国家改革的核心力量，学有所长的知识分子纷纷进入教育领域。一些传统社会的优秀知识分子，如钱穆在《师友杂忆》所提到的"当时常州府中学堂诸师长尤为余毕生难忘者，有吕思勉诚之师"；又如著名音乐家、文学家刘天华等，既有丰富的传统民乐素养，又掌握了多种西方乐器的演奏艺术，沟通中外乐理。周有光读中学时，刘天华就在常州中学授课。常州良好的教育远近闻名。周有光说："青果巷有意思，瞿秋白、赵元任、我，都住在青果巷，我们三个人都搞文字改革。"瞿秋白不仅是革命家，也是拉丁化新文字运动的积极推动者；以音乐起家的赵元任曾和语言专家黎锦熙致力于推广国语，并创造了国语罗马字。（参见图1-18至1-23）这场发端自清末的汉字改革运动，可能很早就给周有光留下了深刻印象：早期民国现代教育中，文字改革、语文现代化与国家的现代化息息相关。

常州中学的第一任校长（当时称"监督"）屠宽，字元博（本页图），是著名的史地学家、教育家和社会活动家屠寄的儿子。周家与屠家是世交，周家的三女儿周慧兼后来在北京师范大学读书，嫁给了屠宽的儿子屠伯范。（参见图1-24，1-25）

穿越世纪的光

:: 高周有光一级的中学同学
吕叔湘1934年的家庭照

:: 吕叔湘（1904—1998）
的题词

一九一八年我进常州中学，童伯章校长为我们新生讲校训。两句话，四个字，一曰存诚，一曰能贱。我铭记在心，一生受用。

吕叔湘
一九八七年八月

　　屠元博创办常州府中学堂，除聘请吕思勉这样的国学大师教授历史和地理外，还聘请了外国教授，学校使用外国原版教材教授外国语、外国历史地理和数理化。不仅如此，常州中学还设置游艺部和现代体育课程，最早尝试了职业教育。周有光入学时，第二任校长童斐（字伯章）执掌校务，继续保持着教学革新精神。此时学校更名为江苏省立第五中学校。人们习惯称之为"常州中学"，现在是江苏省常州高级中学。

　　常州中学迄今保留着珍贵的校史资料。当时与周有光同列花名册中的，有吕叔湘（本页图）等人，"吕叔湘和我是中学同学，比我高一班，我们在读书时就认识了，我很钦佩他，他从前在家里读古书，我没有读；

他会背《诗经》，我不会背。后来我搞语言，他是真的语言学家，我是假的，跟他往来很多，而且他的观点跟我一样"。这个学校中的知名学生还有钱穆、瞿秋白、张太雷、刘半农、刘天华等。

这是民国杰出人才集中涌现的时代，第一批受过现代教育的知识分子大多以教育为己任，培养了更多优秀人才。周有光回忆道："吴山秀是我的老师，他那时候教古文，但他提倡白话。他是开导我们现代化的思想的，把许多五四运动的思想在中文课上灌输给我们，我们这些小青年对他非常钦佩。"吴山秀还是常州最早的报纸《公言报》的经常撰稿人。

1918年，就在周有光小学毕业的时候，年过半百但性格独立的母亲作出了一个果断的决定：带着自己所生的五个子女离开常州移居苏州，与丈夫分居。最初他们在苏州十梓街还有自己的房产，后来不得不在阔家头巷、孝义坊、凤凰街一带租房居住。没有固定的收入来源，母亲靠做针线活儿补贴家用，三个姐姐很早就与母亲一起勉力支撑全家的生活。虽然经济上不宽裕，但母亲有了"既干净又安静"的生活。这一年周有光小学提早毕业去了镇江中学，不久就回常州中学读预科。在常州中学住校读书的周有光每周六回到苏州，与家人团聚。年轻的周有光往来于沪宁线上，对家庭、社会乃至国际事务越来越敏感。

20世纪最初的20年以义和团失败为肇端，至辛亥革命爆发，中国进入社会快速转型时期。巴黎和会上，强权对弱国的瓜分、对世界事务的掌控以及对中国利益的漠然，深深刺痛了中国知识分子的心灵。（17页图）

常州中学的创办人屠元博与孙中山往来密切，对学生影响很大。1919年爆发的五四运动，成为中学时期周有光印象至深的重大事件。（18页图）

穿越世纪的光

:: 巴黎和会上的和谈代表

:: 1919年，胜利的协约国集团为解决战争所造成的问题及奠定战后和平，在巴黎召开会议。这是主要由大国操纵的和会，德国和苏俄没有参加。美国总统威尔逊、英国首相劳合·乔治、法国总理克里孟梭主导了和会的进行。会上签订了处置德国的《凡尔赛和约》，还分别同奥、匈、土等国签订了一系列和约。它们构成了凡尔赛体系，确立了"一战"后由美英法等主要战胜国主导的国际政治格局

常州、武进（当时属常州所辖县）的《晨钟报》（参见图 1-26，1-27）《武进报》（参见图 1-28）等地方报纸上连续几十天报道五四运动的社会反响。国家疲弱、外辱内忧，激起的不只是年轻人的义愤，更对知识分子的思想导向影响深远——

五四运动不是学生上街那么几天。清朝

世 纪 风 雨

▲ ::周有光入常州中学那一年正值五四运动发生。图为1919年6月3日，参加街头演讲的北京财政商业学校学生

◄ ::五四运动中走上街头的学生

穿越世纪的光

末年思想激荡很大，现代化的思潮到"五四"达到一个高潮。五四运动在全国影响大，范围广，我也受五四运动的影响。

五四运动对我们来说，有几个概念，一个概念是要搞白话文，一个概念是要爱国，反对帝国主义。五四运动是老师引导我们，出去反对帝国主义。一个人拿一杆旗子，上面写"同仇敌忾"几个字，我们都不懂，老师叫我们写就写。我到茶馆去演讲，茶馆里的人都停下来听我演讲，看不见我的人。我个子长得很慢，当时很矮小，一个客人就把我抱起来站在桌子上面讲，茶馆里面的人起劲得不得了。

五四运动是相当普遍，小地方都有活动。五四运动的确是广泛的思想活跃的时候。我认为五四运动是中华民族觉醒的一个高潮。"五四"提出的口号"民主""科学"完全正确……

五四运动的先锋是白话文运动。这个现象好像非常奇怪，后来胡适之的解释非常好，他写过一篇文章，说：西欧的文艺复兴、启蒙运动以语文运动为先锋，中国的启蒙运动也是以语文运动为先导。

《我的人生故事》

五四运动，促使更多中国知识分子意识到，中国需要尽快进入现代化国家的行列。当时中国并没有这样的政治和群众基础，但城市知识青年的数量明显增加，引起了社会极大的变化，也奠定了周有光等一批知识分子同情变革、渴望变革的思想基础。

虽然此时周有光的家庭已经移居风光更为旖旎的苏州，但少年时期的周有光似乎对社会改革投入了更多的关注和热情。

EN CHINE
Le gâteau des Rois et... des Empereurs

▲ 1-1 ∷ 1901 年清廷与 11 国签订的《辛丑各国和约》，规定中国赔偿各国白银 4.5 亿两，分 39 年还清，本息总和约 9.8 亿两，这是中国近代史上最大的一笔赔款。1902—1938 这 37 年间，庚子赔款总计实付为 6.64 亿海关两，扣除美英等国退款等，中国实际支付超过 5.76 亿两白银，约占应付总数的 58%

◄ 1-2 ∷ 19、20 世纪之交，中国即将面临更严峻的局面。亨利梅尔的政治漫画：《在中国，各国帝王们的蛋糕》

穿越世纪的光

1-3 ∷青果巷 133 号，整修前礼和堂的外貌

1-4 ∷礼和堂院内二层小楼，细微之处可见当年模样

1-5 ∷青果巷旧貌

◀ 1-7 ∷ 1912 年 1
月 1 日，中华民国
临时政府在南京成
立，孙中山就任临
时大总统。图为中
华民国临时政府成
立时合影

22 穿越世纪的光

1-8 ∷周有光上小学这一年
（1912）的 2 月 12 日，
晚清最后一任皇帝溥仪
(1906—1967) 宣告退位。
图为少年溥仪

1-9 ∷图为幼年溥仪

▲ 1-10 ∷ 周有光小学毕业的前一年（1917）11 月 7 日，俄国爆发了震惊世界的"十月革命"，世界上第一个社会主义国家诞生

◀ 1-11 ∷ "一战"爆发后，衍生了很多经典的政治讽刺地图，这些作品里暗喻着这场战争背后的许多故事

穿越世纪的光

1-13 ∷苏州十全街

1-14 ∷苏州城墙及护城河

1-15 ∷常州篦箕巷

穿越世纪的光

1-16 ∷江苏省立常州中学素描，现在中学的西门是对原学校大门的仿造

常州中學校友會會員像

姓名	字	干支	籍貫	現狀	住址
余瑞生	紹芝	乙巳	泰興	現在本校肄業	泰興鎮合復成錦支河頭莊
宗懷儒	學寶	丙午	宜興	現在本校肄業	獨山南街正隆茶號
吳新良	萃文	丙午	江陰	現在本校肄業	江陰暨陽岐奥公和號
朱其旭		丙午	宜興	現在本校肄業	宜興官村大亨號辦來
邵鴻猷	逐初	丙午	無錫	現在本校肄業	無錫城內東大街十二號
虞士健	康哉	庚子	金壇	現在本校肄業	北新橋巷廟前
周耀		丙午	武進	現存本校肄業	無錫西星巷廟內
許權	嗣衡	丙午	江陰	現存本校肄業	江陰馬嘶鎮
張芹芬		丙午	江陰	現存本校肄業	無錫北圍鎮
蔣麟	志豪	丁未	宜興	現在本校肄業	宜興大茶局卷十三號
吳志學	進我	丙午	武進	現在本校肄業	南門外貯史橋陽記墨坊
巢盈科	仲華	壬寅	武進	現在本校肄業	白雲菴
韓可冠		壬寅	宜興	現在本校肄業	宜瑞丁山鄉罩罴橋
易天翔		癸卯	宜興		

常州中學校友會會員像

一四九

1-17 ∷《常州中学校友会会员录》中，周有光当时的名字是"周耀"

1-18 ∷ 钱穆（1895—1990），江苏无锡人，吴越国太祖武肃王钱镠之后。中国现代著名历史学家、思想家、教育家。与吕思勉、陈垣、陈寅恪并称为严耕望评选的『现代史学四大家』

1-19 ∷ 吕思勉（1884—1957），字诚之，笔名驽牛，江苏常州人。出身书香世家，15岁入县学。曾任华东师范大学历史系教授，国学大师

1-20 ∷ 刘天华（1895—1932），江苏江阴人，中国近代作曲家、演奏家、音乐教育家。清末秀才刘宝珊之子，与诗人刘半农、音乐家刘北茂是兄弟

1-21 ∷ 赵元任（1892—1982），江苏常州人，语言文字学家。曾与黎锦熙共同创造国语罗马字

1-22 ∷ 黎锦熙（1890—1978），湖南湘潭人，语言文字学家、文字改革家、语文教育家、社会活动家

1-23 ∷ 瞿秋白（1899—1935），江苏常州人。瞿秋白的革命家身份广为人知，而其拉丁化新文字倡导者的身份鲜有知晓者

1-24 ∷ 屠伯范与周慧兼（周有光三姐，摄于 1925 年）

1-25 ∷ 屠寄四子合影，自右至左分别是：老四屠窒（公覆），老二屠密(仲慎)，老大屠宽(元博)，老三屠实(正叔)。四子均为常州府中学堂首届毕业生。三子屠实曾任北京法政大学校长

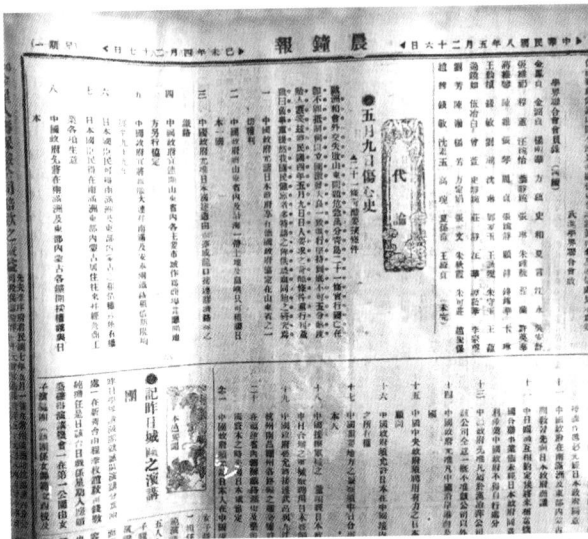

1-26 ∷ 1919 年 5 月 26 日
《晨钟报》"欧洲和会外交
失败　山东问题危急万分"

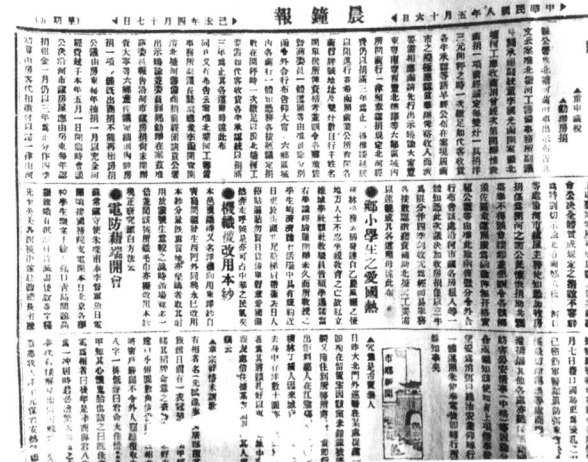

1-27 ∷ 1919 年 5 月 16 日
《晨钟报》"乡小学生之爱
国热"

1-28 ∷ 常州最早的报纸——
《公言报》

穿越世纪的光

风华正茂

苏州在明清时期已是中国经济文化的中心，也是一个比常州更有情调的城市。她的园林艺术和昆曲艺术更是为这个城市增加了旖旎的色彩。但周有光似无多少闲情逸致，他从母亲与祖母那里继承了一种更为专注、纯粹的追求理性知识的精神。

1923 年，周有光从常州中学毕业时，由传教士在上海创办的圣约翰大学已经声名远扬，成为南方家庭富裕的优秀学子首选的大学。但周有光显然还无机会更早见识上海十里洋场的西化生活（参见图 2-1，2-2，2-3），甚至不知道或没有真正见识过人们西装革履的模样。为了上圣约翰大学，他去照相馆拍摄穿西装的证件照片，却被误导在西装上同时搭配了领带、领结，因此让上海的同学乐不可支。多年后，周有光每每提到这件事，自嘲"那时候就是个土包子啊！"虽然不会穿西装，但他的学习成绩一直很优秀，圣约翰大学长达六天的入学考试并没有让他觉得困难：六天的考试只有一天使用中文，其余都使用英文，他都顺利通过了。

创办于 1879 年的圣约翰大学（33 页图，参见图 2-4，2-5）是首个将西方教学风格引入中国的学校。早在 1923 年之前，圣约翰大学的学历已经被国际认可，她不仅声名卓著，而且教育设施完备，学校环境优美。她是中国最早培养知识精英人士的摇篮：周有光入学前后，顾维钧、宋子文、林语堂、吴宓、邹韬奋、荣毅仁、张爱玲、贝聿铭等人曾先后在这所学校学习。校友

穿越世纪的光

:: 1905 年 5 月，上海圣约翰大学门景

活跃于文学界、商界、政界、外交界等，在中国的历史进程中发挥过重要影响。（参见图 2-6 至 2-10 ）

　　不过，圣约翰大学学费昂贵，每学期要 200 多银圆。对绝大多数人来说都是难以承受的开支，于是周有光准备改投南京东南高等师范学校。此事被三姐周慧兼的同事朱毓君母女获知，她们主动捐出一箱贵重的嫁妆帮助周有光入学。周有光晚年经常对人提起此事，念念不忘朱家母女在他人生最重要时刻的慷慨之举。

　　直至今天，入学的情景并没有因时间流逝而疏淡，圣约翰大学在周有光心目中作为民国教育的典范的印象更加清晰。百岁以后，他仍清楚地记得当年去报到时具有历史象征意义的场景：

> 　　1923 年，我从苏州坐火车到上海。从火车站下来，坐电车到静安寺，静安寺再往西，就是田野了。租了独轮车到圣约翰大学，圣约翰在上海梵王渡路，今天就是中山公园那边。独轮车是什么时候有？大概 900 年前，所以坐独轮车上圣约翰大学在文化上跨过 900 年。古老的中国要到教会学校学外国的东西，文化历史跨过 900 年。
>
> 　　　　　　　　　　　　　　　　　　　　　　《我的人生故事》

　　周有光在 2015 年出版的回忆录中忆及，圣约翰大学有一个供学生、家长了解学校办学宗旨的小册子，里面明确地指出，圣约翰大学的目的不是为了培养专家，而是要培养学生具有完美的人格。这所由教会创办的大学，入学后的一年级不分专业，只上基础课，二年级才分文理科，课程注重学生独立

　　　　　　　　　　　　　　　　　　　　　穿越世纪的光

:: 圣约翰大学主教学楼（1932 年摄）。1952 年，华东政法学院在圣约翰大学原址上创办，圣约翰大学对后者的影响不仅是"馈赠"了校园和建筑，更是理念和文脉的传承、传统和情怀的延续

思考和学习能力的培养。（上图）

圣约翰大学对周有光成长的影响或许如同春雨一般，润物无声，却浸入骨髓，尤其是在培养独立思考能力和独立人格方面：

一到圣约翰大学，每一课都有课外阅读材料，常常要看百科全书。学会了自学，学会了独立思考。除了经常查阅百科全书，学生还经常通过阅读英文报纸分析时事，训练思辨能力：看报有看报的方法，每天看报要问自己："今天消息哪一条最重要？"第二个问题："为什么这条消息最重要？"第三个问题："这

条消息的背景你知道不知道？"不知道就赶
紧去查书，查书是首先查百科全书。

::圣约翰大学校长卜舫济
（1864—1947）

《我的人生故事》

　　圣约翰大学的教学方式激发了学生更为广泛的知
识兴趣，尤其在追求知识的真实性、丰富性方面，这
所学校提供了一种良好的示范，周有光说：

> 《不列颠百科全书》是我大半生的知识
> 伴侣。我使用《不列颠百科全书》，开始于
> 1923 年。
>
> 《周有光文集》，周有光著，中央编译出版社，
> 2013 年 5 月第 1 版

　　或许周有光不会想到，若干年后他成了《不列颠
百科全书》在中国出版时的中方三个负责人之一。将
近一个世纪以后，周有光在出版包罗万象的《语文闲谈》
时，写作题材几乎全部来自报纸杂志，文章如同内容
提要，更像是对社会文化、历史简明扼要的百科全书
式介绍，这种写作方式或许来自大学最初教育的训练
和引导。

　　圣约翰大学的课程依照西方大学的理念设置。创

穿越世纪的光

:: 1897年，圣约翰大学教
师合影

校初期，来自各地的学生使用不同的方言，教学难度很大。卜舫济（36页图）
任校长后决定，除了国文和中国历史，其他所有课程均使用英语教学，圣约
翰大学成为中国第一个实行全英语授课的学校。（本页图）除了英语，学生
还必须选修第二外语。周有光选择的第二外语是法语，他主修经济学，兼修
语言学。他注意到学校对学生档案的管理，是根据方言读音、使用拼音字母
代替学生名字，按字母顺序排列。这使周有光很早就意识到，用拉丁字母拼
写汉语读音是简易有效的。

　　1925年，"五卅惨案"（38页图，参见图 2-11，2-12）的发生，成为
促使中国知识分子进一步激进化的契机。周有光与许多同学一起中断了在圣
约翰大学的学业，此时他刚完成两年的大学学业。在共产国际的指挥和鼓动下，
左翼分子正在积极促使社会发生激烈的变革，期待在对不公平世界的反抗中
催生新的理想世界。1899年出生的瞿秋白是周有光的同乡，他在《国民会议
与五卅运动》一文中说："中国的劳工运动，自从1923年2月7日汉口的屠

风华正茂

:: "五卅惨案"后的学生运动，带动各界群众纷纷上街游行，图为上海总工会发动罢工后的工人游行队伍

杀之后，一直到去年初，差不多全部在蛰伏之中；虽然上海、广州、香港等处，还时时有罢工的爆发，尤其是前年的沙面罢工，然而概括而论，在全中国的范围内，始终因受直系军阀及英、美帝国主义等强暴的压迫和屠杀，不能有勇猛突进的发展。"而"五卅事件"提供了社会氛围和思潮骤变的客观条件：工人运动与学生运动在左翼力量的积极引导下，正汇合成空前的、反对帝国主义的时代潮流。

圣约翰大学的学生也被卷入这种思潮，学生中已有共产党人。突然间，学生们强烈感觉到校园之狭窄，渴望与其他学校的学生一样在街头，而不是静静地坐在教室里声援工人运动。而校长卜舫济坚决主张教育

穿越世纪的光

与政治分离，反对以学校为基地卷入任何形式的政治运动。这势必同渴望参与甚至投身政治运动的学生发生严重冲突。

卜舫济1888年起担任圣约翰大学的校长，1905年，他使圣约翰成为一所四年制本科大学，拥有文学、理学、医学、神学四个学院，学校所授学位已经被美国各大学认可。他为这所学校鞠躬尽瘁，师生们一直对他十分敬重，但此刻分道扬镳已经在所难免。1925年6月3日，圣约翰大学及其附属中学的535名学生签署了《圣约翰大学暨附属中学学生脱离宣言》，离开了学校，宣布永远与圣约翰大学脱离关系。同时，圣约翰大学的孟宪承等19位中国教授集体辞职，表示支持学生的行动。

后来，周有光回忆这一时期的社会变化，认为"这件事不仅仅是一个学生运动，而且是整个社会到这个时候的一个转折点"。他和"同学们挥泪走出校门时候的心情是：'吾爱吾师，吾尤爱祖国！'"但是，"在同学们的心上，这是一个历史的伤痕。当时，北伐胜利，人心激昂，在历史剧变中，无可避免地造成了这个历史的伤痕"。

为解决脱离圣约翰大学的学生继续学业的问题，创办一所新的大学的想法马上被付诸实践：曾在前清及北洋政府时期历办外交的王丰镐，慷慨捐献出上海大西路60亩地皮作为校舍基地；许秋帆捐赠5000大洋作为开办经费。另一位学生张悦联的父亲张寿镛是刚上任的沪海道尹，不仅捐赠3000元，还以其在财政界的关系筹划更多经济援助，并担任了光华大学（40页图）第一任校长。虽然完全由中国人办学，但"张校长的办学原则是，按照当时公认为先进的英美教育方法，实行学术自由，教授治校。学校中的行政人员很少"。

:: 光华大学校门

　　光华大学成立以后，迅速吸引了一大批最优秀的
教授来学校任教。张寿镛任第一任校长时，文学院长
是张东荪，中国文学系系主任是钱基博，政治学系系
主任是罗隆基，教育系系主任是廖世承，社会学系系
主任是潘光旦。不仅如此，更有胡适、徐志摩、鲁迅、
林语堂、吕思勉、吴梅、卢前、蒋维乔、黄任之、江问渔、
何炳松等人先后在光华大学任教，成为当时中国自由
主义知识分子云集的一所私立大学。学生们还常见张
歆海和徐志摩在校园里谈论诗歌……与在圣约翰大学
时一样，教员多用英语授课。

　　1927年，周有光从光华大学毕业。（参见图 2-13，
2-14，2-15）

穿越世纪的光

2-1 ∷上海南京路老照片

2-2 ∷上海福建路（20 世纪 20 年代摄）

2-3 ∷上海外滩景色，1845年，英国领事与上海道台签订《上海租地章程》，外国租界第一次在上海出现

▲ 2-4 ∷ 圣约翰大学校门

▼ 2-5 ∷ 圣约翰书院礼拜堂

穿越世纪的光

2-6 :: 顾维钧（1888—1985），1901年考入圣约翰书院，1904年入美国哥伦比亚大学，1919年和1921年作为中国代表团成员出席巴黎和会和华盛顿会议。在巴黎和会上，就山东的主权问题据理力争，其出色的辩才令人印象至深

2-7 :: 宋子文（1894—1971），广东文昌人，生于上海。其父宋嘉澍是美南监理会（今卫理公会）的牧师及富商，孙中山革命的支持者。1927年起，宋子文历任国民政府财政部部长、中央银行总裁、行政院院长、中国银行董事长、最高经济委员会主席、外交部部长、驻美国特使等

2-8 :: 林语堂（1895—1976），现代著名学者、文学家、语言学家。福建龙溪（今漳州）人，出生于贫穷的牧师家庭

2-9 :: 吴宓（1894—1978），陕西泾阳人，比较文学家、著名西洋文学家

2-10 :: 邹韬奋（1895—1944），江西余江人，著名记者、出版家

穿越世纪的光

◄ 2-11 ∷ "五卅惨案"引爆了全国范围的学生运动

▼ 2-12 ∷图为"五卅惨案"发生时，上海南京路英国巡捕房大门

Y. CHOU, 周　耀

编辑部主任

Editor-in-Chief

2-13 ∷ 1927 年，周有光任光华大学毕业纪念册编辑部主任

周　耀
CHOU YAO

江蘇武進
Changchow, Kiangsu

文學士（政治學）
Bachelor of Arts (Political Science)

"爲人格而戰爲人道而戰爲眞理而戰"
——李石岑

2-14 ∷ 1927 年，周有光从光华大学毕业

光華大學半月刊

王西神題

上海光華大學發行

廿一年十月十日出版

2-15 ::《光华大学半月刊》第一期

［中西合璧］

1927 年至 1936 年，是民国史上的特殊时期，民族资本主义得到了前所未有的发展，尤其是大城市的生活开始变得丰富多彩。

　　苏州是一个比常州更富有情趣的城市，离上海也更近。移居苏州，在一定程度上让周有光的母亲摆脱了大家庭生活所带来的烦恼，新的社会联系也由此产生。

　　早在中学时期，周有光就认识九妹周俊人的同学张允和（49 页图）。张允和 1909 年出生于一个显赫的大家族：这一家族原籍安徽合肥，祖父张树声是晚清重臣、淮军名将；父亲张冀牗（右图）未入仕途，但潇洒开明，交际甚广。辛亥革命后他举家前往上海，后迁至苏州，热衷教育，先后创办了乐益女子中学和平林中学，并担任这两所学校的校董。乐益女中在日本侵华战争爆发后被迫关闭，张冀牗夫妇带着最小的儿子宁和回安徽老家躲避。1938 年 10 月，张冀牗在老家合肥西乡病逝。

　　张冀牗先后有两位夫人。第一位夫人陆英，21 岁

:: 蔡元培与张冀牗（张寰和摄）

穿越世纪的光

1930 南翔

∷张允和这张照片拍摄于
在杭州读书时期

嫁到张家，生有 14 个孩子，其中五个夭折，留下四个
女儿、五个儿子；36 岁那年她因拔牙引起血液中毒去
世。第二位夫人韦均一，育有三个孩子，仅有一个儿
子长大成人。这样，张家就有十个孩子。

后来十姐弟中的女孩子们更加闻名，这与她们的
联姻和独立自主的人生经历有关。张家的女儿（右图），
每个人都有非凡的个性、涵养及独特的婚姻观念。

一开始，周有光与张家二小姐张允和的关系更像
两小无猜，他说：

:: 张冀牖与四个女儿

> 我的妹妹常常同这位张小姐到我们家里
> 面来，我们家里面在当时已经是变成一个穷
> 的人家，住的房子很挤，很紧张，已经没有
> 什么空的房间了。可是这位张小姐，她家里
> 条件那么好，她一点都没有觉得你们家穷，
> 你们家条件不好就不来，她交朋友完全不按
> 贫富来考虑。
>
> 我跟她从做朋友到恋爱到结婚，可以说
> 是很自然，也很巧，起初都在苏州，我到上
> 海读书，她后来也到上海读书。后来更巧的
> 是我到杭州，她也到杭州。常在一起，慢慢地、
> 慢慢地自然地发展，不是像现在"冲击式"

的恋爱，我们是"流水式"的恋爱，不是大风大浪的恋爱。

《逝年如水——周有光百年口述》，周有光口述，

浙江大学出版社，2012年12月第1版

　　1927年，从光华大学毕业的周有光迫于经济的压力，没有能够像许多富裕家庭出身的年轻学子一样，继续出国留学，他迫切需要工作收入减轻家庭负担。他先后在光华附中、光华大学部教书，但仅持续一年多。他开始与女孩子交往，但仍然更关注学习和工作。

　　就在他大学毕业并开始工作后不久，张允和与张兆和姐妹双双来到上海的中国公学读大学。周有光与张允和的接触慢慢增多。两个人的交往中，周有光更像是深思熟虑的一方，张允和则充满了少女的细腻情感，她对第一次约会的观察，包含更多细节和诗意（52页图）：

　　　　有两个人，不！两颗心从吴淞中国公学大铁门走出来。一个不算高大的男的和一个纤小的女的。

　　　　他从口袋里取出一本英文小书，多么美丽的蓝皮小书，是《罗米欧与朱丽叶》。小书签夹在第某幕第某页中，写两个恋人相见的一刹那。

　　　　她不理会他，可是她的手直出汗。在这深秋的海边，坐在清凉的大石头上，怎么会出汗？他笑了，从口袋里又取出一块白的小手帕，塞在两个手的中间。她想，"手帕真多！"

《今日花开又一年》，周有光、张允和著，中国文史出版社，

2011年9月第1版

:: 周有光第一次为张允和拍的照片（1933 年摄）

　　吴淞江边的草地，早已没有露水。太阳
还没有到海里躲藏。海鸥有情有义地在水面
上飞翔。海浪不时轻柔地拍击着由江口伸入
海中的防浪石堤。这石堤被年深日久的江水
和海浪冲击得成了一条长长的乱石堆，但是
还勉强地深入海中。没有一块平坦石头可以
安安稳稳地坐人。

　　……当她的第一只手被他抓住的时候，
她就把心交给了他。从此以后，将是欢欢乐

乐在一起，风风雨雨更要在一起。不管人生道路是崎岖的还是平坦的，他和她总是在一起；就是人不在一起，心也是在一起。她的一生的命运，紧紧地握在他的手里。

……一切都化为乌有，只有两颗心在颤动着。

《最后的闺秀》，张允和著，生活·读书·新知三联书店，2012 年第 1 版

周有光一直保留着随身携带、使用白手帕的习惯，他喜欢清洁、干净。不久，张允和转学进入光华大学。

20 世纪 30 年代，中国成人识字人口不足 10%。这一时期，中国的青年知识分子逐渐有了更多留学西方的经历，他们对欧美国家先进的教育体制，尤其是成人教育的普及印象至深，并开始在中国仿效并积极倡导成人教育。其中 19 世纪丹麦著名教育家格隆维(N. F. S. Grundtivg)等人的平民教育实践，是中国知识分子争相仿效的一种民间办学方式。周有光的老师孟宪承还特意请周有光翻译了格隆维的著作《农村教育》。很多知识分子认为启蒙教育是中国最为迫切的一项工作。周有光深信格隆维的理论及实践的价值：

格隆维他有一套农村大众教育的理论和实践，当中最重要的一点是他在农村里面推广教育，根据农民实际情况来办教育，让农民在有空的时候充分利用时间来学习。学习的主要不是技术，而是常识，常识当中最重要的是历史，要学习丹麦历史、欧洲的历史、人类的历史。

……一个人，他有了语文知识，有了基本的文化知识特别是历史知识，他就会为了社会，为了自己的国家，为了人类来做出有益

的工作。

《逝年如水——周有光百年口述》

1916 年毕业于圣约翰大学，先后在美国和英国攻读、研究教育学的孟宪承，是 20 世纪 30 年代前后知识分子中最有号召力和实践精神的人物之一。周有光对孟宪承十分敬仰：工作一年后他就决定离开光华大学，追随孟宪承去无锡开办民众教育学院。不久他们又转至杭州浙江省立民众教育实验学校，他们把成人教育的社会功用推及"再造国民"、革新社会的高度。

:: 上海妇女慰问参加"一·二八"淞沪抗战的国民革命军第十九路军

周有光充分理解孟宪承的教育实践的意义：

孟宪承觉得要使中国走上现代化的道路，当中一件重要的事情就是群众教育，而最大的群众在农村。诸如此类，这种启蒙的思想、启蒙的教育工作使我感到非常有意义……由于他的引导，我慢慢地明白了许多事情，这一个时候可以说是我大学毕业以后做教育工作的第二个阶段。这个阶段不仅是教书并且做一些教育的研究工作，是抱着一种理想来做的，跟盲目地做就不一样了。

《逝年如水——周有光百年口述》

穿越世纪的光

大学毕业后最初几年，周有光的工作特点使他频繁往来于江浙沪之间。1932 年上海发生"一·二八"事变（54 页图及下图），战火影响了交通，张允和去杭州之江大学借读（56—57 页图），与正在杭州工作的周有光有了更多的接触机会。周有光说："杭州地方比较小，又方便，附近又好，我们周末到西湖玩，西湖是最适合谈恋爱的。"

这段迅速升温的感情生活，在张允和心目中很是浪漫：

> 每逢周末，我们相约在花前、西湖月下，漫步九溪，"重重叠叠山，曲曲弯弯路，叮叮咚咚泉，高高下下树"，良辰美景伴着我们的恋情由朦胧走向成熟，一双惹人美慕的

:: 张允和曾在之江大
学短暂求学，图为校
园内的老教堂

穿越世纪的光

:: 今日的之江大学同怀堂

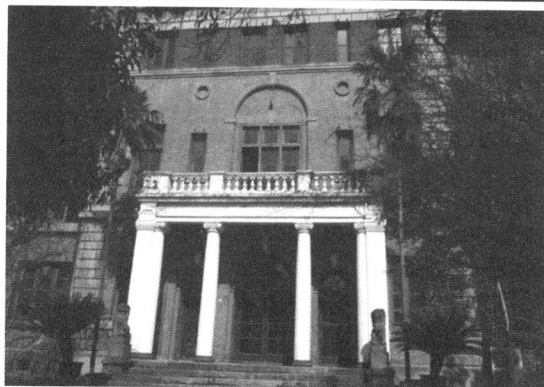

:: 今日的之江大学慎思堂

"才子佳人"，一对洋装在身、洋文呱呱叫的新式青年，却怎么也鼓不起挽着手并肩走的勇气。

《曲终人不散》，张允和著，中央编译出版社，2012 年 1 月第 1 版

周有光和张允和的婚姻是水到渠成，周家三姐周慧兼和张家四妹张充和的穿针引线，使得这桩婚姻更加顺理成章——张冀牖很快允诺了女儿的婚事。

1933 年 4 月 30 日，周有光与张允和结婚（59 页图），婚礼在上海八仙桥的青年会举行。来的客人不少，仪式西化而简朴。张允和成为兄妹 10 人中第一个结婚的人：

婚礼的桌椅布置成幸福的马蹄形，在上海八仙桥的青年会，200 多位来宾使这马蹄不再属于荒漠，青春、热情像一匹跃起腾飞的骏马，我和有光并肩面对这幸福的马蹄，心中默念着"我愿意"。（60 页图）

证婚人是我的恩师李石岑先生。仪式很简单，但使人终生不忘。一个 14 岁的白俄小姑娘哥娜弹奏钢琴——小四妹充和唱昆曲"佳期"，顾传玠吹笛伴奏。

留下吃饭的客人刚好 100 位，加上新郎新妇，两元一客的西餐，共 102 客。

……我从小手快嘴快脑子快，是"快嘴李翠莲"，这次又是我最快，张家 10 个姊妹兄弟，我第一个披上了婚纱。

《今日花开又一年》

　　　　　　　　　　　　穿越世纪的光

∷ 周有光与张允和的结婚照

二个月后三妹兆和与沈从文举行婚礼。他们的婚事，张允和居间撮合。姐妹俩所嫁之人均非平庸之辈，但无论是张氏姐妹还是周有光与沈从文，他们都具有自己不同的个性，都属于那个时代出类拔萃的青年。唯有大姐张元和"下"嫁昆曲演员顾传玠，引起了轩然大波，而深受传统艺术和文化熏陶的四妹张充和找到自己心仪的人，已经是 15 年以后的事情了。（61 页图）

婚礼虽然简朴，张家却依然慷慨。周有光的岳父张冀牖在钱财上并不精细，恰好在周有光和张允和成婚前，一位在银行工作的亲戚清理账目时偶然发现，张冀牖账上还有 20000 元存款被他遗忘。得到这笔"意外之财"，张冀牖自然很高兴，给了张允和 2000 元作为"嫁妆"。夫妇两人便决定将这笔钱用于出国留学。他们都渴望去美国，但这些钱显然不够，于是去了日本。张允和攻读日本文学；周有光选择了经济学。那时他对积极宣传社会主义经济学的日本教授河上肇非常入迷，遂报考河上肇所在的京都帝国大学，希望拜他为师。

∷周有光与张允和婚礼合影

穿越世纪的光

:: 张兆和与沈从文　　　　:: 张元和与顾传玠　　　　:: 张充和与傅汉思

河上肇在 20 世纪 30 年代对中国左翼知识分子影响很大，他的关于马克思主义的译著很早就被引入中国。

但周有光不知道，由于日本政府深惧共产主义思想在日本的扩散，河上肇已被迫从京都帝国大学辞职，继而被捕入狱。留学日本失去了原来所追求的意义："我失去了专业的对象，主要是读日语，了解日本的文化，日本的生活。"

不久，张允和发现自己怀孕了，不得不提前回国。周有光则继续留在日本学习。

1934 年 4 月 30 日，他们的第一个孩子降生，男孩，取名小平——后来上学的时候，他自己把名字改成了晓平（参见图 3-1）。晓平出生那天，是他们结婚一周年纪念日。张允和调侃自己："多少年来我总爱骄傲地说'我结婚那天生的孩子'，大家笑我，我才想起忘了说'第二年'。"

京都帝国大学的入学考试虽然严格，管理方式却十分宽松，提倡自读自修。由于京都帝国大学还不承认中国的同等学力，周有光读的还是大学课程。如此过了一年，更觉意义不大，最终决定提前回国。

中西合璧

1935 年，周有光回到上海，继续在光华大学教学，而张允和则到实验中学教书。一个偶然的机会，周有光进入自己最初选择的金融领域，到陈光甫任总经理的江苏银行兼职。

1929 年引发于美国的经济大萧条，使西方世界普遍笼罩在强烈的幻灭感之中，马克思主义者认为，大萧条集中表现了资本主义的内在缺陷，是资本主义灭亡的必经之路。世界各地，很多人认为社会主义是解救世界经济的唯一出路。这一时期，周有光与大多数中国知识分子一样，相信马克思主义给中国社会带来的变革是积极和进步的。不仅如此，整个西方世界在经历经济危机后的悲观情绪，也让更多人倾心于共产主义的魅力。但周有光并非一个非此即彼的人，他对政治的认识及兴趣有限。业余时间他更热衷于在叶籁士（右上图）创办的《语文》杂志上写点儿与文字改革有关的文章，生恐文章幼稚，他用笔名"周有光"发表。后来人们记住了"周有光"，淡忘了"周耀平"这个名字。

在周有光一生中，抗战爆发前的十年，是他人生最安宁、稳定的时期。（参见图 3-2、3-3）他在工作中结识了很多活跃的社会活动家、实业家和知识分子，时任浙江实业银行副经理的章乃器（右图）是其中之一。

:: 叶籁士（1911—1994），文字改革专家和活动家、世界语学者

:: 章乃器（1897—1977），浙江青田人，政治活动家、经济学家和收藏家，救国会"七君子"之一，中国近代史上一位特立独行的爱国民主先驱

穿越世纪的光

经章乃器介绍，周有光加入了抗日救亡组织"救国会"，这是他参加的第一个政治组织，也表达了他投入和改良中国政治现实的意愿。在此之前，周有光家庭经济状况大有改善。不久，张允和又生下了第二个孩子——女儿小禾，她辞去工作，回到苏州。张允和喜爱苏州的宁静和雅致——住在乌鹊桥弄，推开房门，映入眼帘的是一大片鲜艳动人的玫瑰花种植园。

1936年，日本加快了侵华步伐，国民党政府则全力对付共产党的崛起，内战频仍，国家再次面临严重的分裂。沈钧儒、章乃器、邹韬奋、史良、李公朴、王造时、沙千里等七位救国会领导人，被当局以"危害民国"的罪名羁押在苏州，引起全国一片哗然。作为救国会的成员，周有光赞成"七君子"抗日救国的主张，他在苏州乌鹊桥弄的住宅，成了"七君子"家属们保持联络的一个据点，直至"七君子"获释。（参见图3-4，3-5）

3-1 ∷ 1935 年，晓平周岁，与张允和在苏州乌鹊桥弄

3-2 ∷ 1935 年夏摄于上海真茹住宅门首

穿越世纪的光

3-3 ∷ 20 世纪 30 年代，家族的第三代在抗日战争之前陆续出生。1937 年，周有光父母也因此在一起合影（陈光中翻拍）

3-4 :: 1937 年 8 月 3 日，刚出狱的全国各界救国会"七君子"在爱国老人马相伯家中（自右向左：李公朴、王造时、马相伯、沈钧儒、邹韬奋、史良、章乃器、沙千里、杜重远）

3-5 :: 救国会"七君子"。左起：王造时、史良、章乃器、沈钧儒、沙千里、李公朴、邹韬奋

穿越世纪的光

战争阴影

1937 年，"七七"事变（右上图）发生，抗日战争全面爆发。8 月 14 日，国军八十八师攻克了上海虹口的日本海军陆战队司令部（右图），空军第四大队在上海西南上空击落多架日机。同时缺乏经验的中国空军在飞经上海大世界轰炸黄浦江上的日本军舰时丢下的炸弹，也误伤了千余平民。上海随处可以看到腾起的浓烟和被大火烧红的天空。11 月 12 日，日军占领上海，11 月 20 日，国民政府发布《国民政府移驻重庆宣言》，重庆由此成为重树抗战胜利信心的象征。

此时许多城市居民原有的工作、生活方式被迫改变。考虑到家庭安全，也为了家庭的完整，周有光、张允和选择离开上海，流亡西南。这是一次拖家带口的长途跋涉，周有光的母亲、子女、保姆、亲戚一同裹挟在大规模向中西部流动的人流中（69 页图）。在这十多个人的行动中，张允和是主心骨，她必须时时安抚家人，考虑所有人的需要。他们与拥挤不堪的逃难人群一起，第一次面对险恶的自然和社会环境，经历了危机四伏的流亡生活。途中他们和成千上万的人

:: 卢沟桥事变

:: 上海虹口的日本海军陆战队司令部

:: 日本侵华战争爆发，民生公司轮船在峡江抢运

一样，失去了他们大部分值钱的财物。幸好，周有光
利用了自己的人脉，为家庭成员解决了稀缺的船票问
题，使得全家虽然历尽周折，还是安全地从芜湖到汉口，
乘船入川。

　　途中，周有光心系抗日，并没有随同家人直接去
重庆，而是受朋友之邀中途独自前往长沙，为一家报
馆撰写宣传抗日的文章。后来长沙危急，周有光才返
回汉口，取道宜昌前往重庆，与暂住合川的家人会合。
（70 页图）当他得知张寿镛决定在成都重建 1937 年被

日本军队炸毁的上海光华大学时，又与张允和一起折返成都，参与成都光华分校的重建工作。成都光华分校聘请同是常州人的教育家谢霖为副校长，主持校务，校长仍由张寿镛担任。

学校离成都杜甫草堂不远，那一带也因光华大学而得名"光华村"，张允和暂时在那里任教。很快，在她身边聚集了一批昆曲迷。他们常在张允和家聚会，战争的阴影中，艺术的愉悦仍带来了不可替代的、舒缓的精神享受。但他们越来越经常地需要变换居住地。随着战争进程，周有光夫妇先后回到了重庆。

自从国民政府驻扎重庆后，重庆就成为被日本空军轰炸最多的城市（71页上图）。1938年2月18日至1943年8月23日，日本对重庆实施了218次战略

:: 日军投放的炸弹落入密集
的民居中

:: 从 1938 年 12 月 8 日,
蒋介石偕夫人宋美龄抵达
重庆, 至 1946 年 4 月 30
日飞离重庆, 他在渝度过了
近八年的抗战岁月

轰炸, 出动飞机 9513 架次, 重庆及周边繁华地区几乎
全遭破坏; 超过 40000 人死于非命, 无数房屋建筑被
毁。抗战八年, 居无定所成为许多人的生活常态, 七
星岗、上清寺、观音岩、枣子岚垭、南温泉、唐家沱、
江北蒙家花园……都留下了周有光一家人的足迹。周
有光说: "大搬家 36 次, 小搬家不计其数。" 不过,
在 "共赴国难" 的日子里, 取得抗战胜利的复兴之日,
是他们的共同希望 (左图)。这是中国历史上最为团
结一致的特殊时期, 虽然时刻生活在战争的危险之中,

物资供应奇缺，日常生活勉为其难，但对和平和胜利的期待凝聚了人心。前所未见的情景在弹痕累累的城市出现：西南联大正在努力为社会培养精英人才；中小学继续上课；工厂千方百计开足机器进行生产；为了满足更多人的需要，田园里种下了更多产量更高的甘薯、玉米、马铃薯等杂粮；报纸按时出版；各种文艺演出依旧进行。民族的危机促使更多人以国家命运为重：市民踊跃为前线将士捐款捐物，1940 年仅一次捐款活动，重庆市民便捐献代金 60 多万元，更多的人，包括学生自愿走上了战场……（本页及 73 页图）

在残酷的战争时期，重庆的作用越来越大。它成为世界反法西斯阵营的远东指挥中心，后来盟军的中国战区司令部也设在重庆。回想当年，周有光说：

应当说当时抗日精神好得不得了。打仗那么不顺利，可是没有一个人失望，每一个

◀ :: 抗战时期的教育圣地——国立西南联合大学。1944 年 12 月 28 日，西南联大师生欢送从军抗日同学

▲ :: 西南联大部分教师合影。前排左三为蒋梦麟，前排右三为梅贻琦（图片来源：人民网）

▶ :: 重庆高昂的斗志

穿越世纪的光

人都觉得将来是有希望的。

《逝年如水——周有光百年口述》

应章乃器邀请，周有光在重庆担任了工业经济研究所的副所长，后来到农本局工作。成立于1936年的农本局是一个性质特殊的机构，隶属于国民政府经济部。战争期间，它的作用十分显著：发展西南地区的农村金融事业，确保战争中后方基本生活物资的供应。但农本局的工作内容十分庞杂，包括广泛建立农村合作信贷网络以及农产品购销、仓储网点；调整和组织农产品的运销；推广优良农作物品种；开展人员培训和宣传教育；等等。在儿子周晓平的印象中，这一特殊时期是父亲一生中最有成就感的阶段。农本局在有效促进重庆经济的持续发展、缓解不断流入的人口造成的经济压力、维持人民的生计方面发挥了重要作用。工作之余，周有光经常参加"星五聚餐会"，这是一个特殊人群的沙龙。战争期间，这个原本形成于上海的圈子不再是1930年以来的大商人和实业家的聚会，更多社会政治人物也介入其中。经济话题中不断涉入政治理念、治国理想等宏大主题。周有光在那里结识了不少人：其中有企业家吴蕴初、杜重远等商界人士，更多的共产党人及党外积极分子周恩来、徐特立、许涤新、沙千里也出现在周有光的日常生活中。被视为进步人士的章乃器、黄炎培、卢作孚等经常在"星五聚餐会"上发表演讲。在民族面临灭顶之灾的境况下，各种人物、思想在重庆自由交流和相互影响，但对绝大多数知识分子而言，决定未来的政治走向或选择的方向已经逐渐清晰。

这一时期的周有光，不仅全身心投入有助于民生的经济活动和民族抗争，业余生活还包含着浓厚的个人爱好和兴趣。周有光在《逝年如水》中称，自己早年在圣约翰大学读书时，就深感英文的便利性，20世纪30年代在上海就"参加过汉字拉丁化运动"。他在重庆同样关注共产党所辖区域的文化改造运动（75页图），尤其痴迷于拉丁化运动的实践：

> 我在长沙碰到徐特立，我就跟他谈汉字拉丁化的问题。徐特立对汉字拉丁化运动也非常热衷，他认为汉字拉丁化可以提高人民的文化水平。但是当时他告诉我，推广汉字拉丁化很不容易。他说在延安，他是主持教育的，相当于延安政府的教育部部长。他宣传推广汉字拉丁化，有一段时间推广得很好。可是有时他要到比较远的小地方去做工作——那个时候陕北的交通是很不方便的，一个多月

之后回来，就发现他布置的许多推广汉字拉丁化的措施，被反对汉字拉丁化的人完全破坏了。所以他回来之后呢，只能重建炉灶。所以他说，人们的习惯势力很大，反对汉字拉丁化势力的力量很强。没有文化的、不识字的老百姓也反对汉字拉丁化，因为他们虽然不识字，可是看见过字，认为文字就要像汉字那个样子，弯弯扭扭的字母那不行，那是鸡肠子——小鸡肚子里的肠子。这件事情我一直记在心上。

《逝年如水——周有光百年口述》

在重庆农本局任职的周有光，担任四川办事处的副专员，又兼任江苏银行驻重庆办事处的主任，经常到重庆周边地区巡视调研，与家人在一起的时间不多。为安全起见，周有光把母亲送到远在缅甸仰光的四姐处暂住。张允和常常需要独立支撑起照料大家庭的责任。他们住在远郊的唐家沱，这里交通较便利，地形有利于躲避空袭。卢作孚的民生公司从 1925 年起便在这里长期经营，码头及生活设施完备。（右图）抗战时期，唐家沱吸引了许多军政人员和文化人，如茅盾（沈雁冰）、郭沫若、曹禺、邓季惺（参见图 4-1）也在此居住过。（参见图 4-2）

:: 1927 年，卢作孚以江巴璧合峡防团务局局长的身份，对北碚进行了大力的改造。几年时间，实业、教育、医疗机构得到迅速发展，并整修街道，兴建公园。1936 年北碚嘉陵江乡村建设实验区署成立时，北碚已是闻名的花园小城。1936 年，国民政府西迁重庆，北碚这个弹丸之地，先后涌进了机关、学校、社会事业单位 200 多个，各界名流、学者、作家、科学家 3000 多人

　　但唐家沱也是周有光夫妇的伤心之地。1941 年初夏，周有光离开重庆去金华期间，患急性盲肠炎的女儿小禾（77 页图），由于没有及时获得抗菌素治疗，离开了人世。此前，这个家庭虽遭遇到许多困难，但从没有真正感到困于困境。女儿的突然去世却是周有光早年生活中最沉痛的经历。以至于尽管不是有神论者，他还是接受了基督教的洗礼。但是，从失去爱女的过程中挣扎出来仍然是一个艰难的过程："作了洗礼我也得不到多少安慰，我当时因为这个小孩死了以后情绪很不好，就作洗礼了。"周有光很少写诗，女儿去世后，他写了一首《祭坟》：

　　　　……啊，小禾，我的女儿。

　　　　你今年只才六岁，

　　　　我离家已经三年。

穿越世纪的光

∷ 1935 年，周有光抱着 5
个月大的女儿小禾（摄于上
海兆丰公园）

现在我回家了，

而你，却又去了……

《逝年如水——周有光百年口述》

　　女儿小禾从此成为隐藏在周有光夫妇内心深处永
远的创痛。（参见图 4-3）

　　两年后当生活逐渐有了转机，又一次意外发生——
1943 年 1 月下旬，九岁的周晓平在外面玩耍的时候不
幸被流弹击中（参见图 4-4）。幸运的是，这一次他们
挽回了他们唯一幸存的孩子的生命：周晓平在当地驻
扎的美军医院里及时获得了救治。对于周有光夫妇，
孩子是飘浮在动荡、焦虑生活中快乐和希望的音符，
如果不是因为动荡的生活，他们本应会有更多的孩子。
幼儿的夭折，使得周有光夫妇对后代或年轻人格外宽
容和珍惜。

　　1942 年 4 月，美国调集 16 架 B-25 型轰炸机，对
日本本土实施空袭，负责空袭的陆军航空兵中校杜立
德率领的机群因找不到降落点，飞行员被迫跳伞到浙
江衢州一带（78 页图），被当地民众救起。周有光恰
巧在浙江金华出差，与杜立德相遇，当上了杜立德的
临时翻译，他们一起搭乘美国军人乘坐的汽车返回内
地，这段经历后来被记述在周有光的口述之中。

1943年，对于所有从战争中度过的人来说，都是永远难忘的。这一年，也是第二次世界大战的重大转折点。2月2日，苏联取得了斯大林格勒战役的最后胜利。几乎与此同时，美军在瓜达尔卡纳尔岛战役中重创日军，在太平洋战场的反攻战取得了第一个胜利。这两大战役与此前盟军在北非战场取得的阿拉曼战役的胜利，共同大大鼓励了世界反法西斯阵营的所有国家。9月初，意大利政府向同盟国投降。11月底，美、英、苏三国首脑罗斯福、丘吉尔、斯大林在伊朗首都德黑兰举行会议（79页图），讨论加速对日本和德国作战，以及战后世界的安排等问题。大战的最终结局已见端倪，人们已急切地想象与战后建设有关的计划。

此时，国民政府也在设想战后西北地区经济的开

◀ :: 1942年4月，获救的部分美国飞行员在衢州与中方人员合影

▶ :: 杜立德率领的飞虎队士兵得到特许机会，在国际饭店顶上眺望上海全貌，感受这座城市的博大

穿越世纪的光

:: 1943 年 11 月 28 日，美、英、苏三巨头参加德黑兰会议，第二次世界大战同盟国的胜利已经指日可待

发，这需要金融支持。新华银行正在考虑战后筹建西安分行项目，但需要更深入地了解西北发展金融经济的现实条件，周有光受托主持这一调查工作，全家一起迁到了西安。（参见图 4-5）

西北广阔的土地，落后、复杂的社会经济现状，使得周有光感触良多，他常常在旅程中度过大部分时间——东至安徽界首，西达甘肃敦煌，足迹横跨半个中国。在敦煌（参见图 4-6、4-7）他不仅领略了难得一见的伟大艺术，也进一步感受到战乱、离散的生活条件下的人间苦难。西北与江南沿海的经济差异也变得如此明显——传统生活下的西北落后的经济，尚不具备实现现代金融的条件。新华银行的计划被搁置，一家人随周有光返回四川。

随着世界反法西斯斗争的节节胜利，长期的资源消耗使得国统区资金枯竭，通货膨胀成为悬在政府公务员及城市工薪阶层头上的一把利剑。1940 年，公务员、教师以及士兵的实际收入的 2/3 被通货膨胀吞噬。工、农业劳动者的实际工资下降了 1/3。到 1943 年，几乎所有人的实际收入都在减少。公务员已濒临饥饿线上，实际收入下跌到战前的 1/10，教师和士兵也深受其害，

实际工资尚不到战前的 1/5。国民政府不得已采取的货币增发，导致 1940 年至 1945 年中国遭受严重的通货膨胀。

周有光所在的农本局对经济发展的救助已回天无力，经营出现严重困难，为了维持生计，周有光重新回到江苏银行工作。后因王志莘邀请，转入新华银行。周有光后来回忆这段日子时说：

> 但随着抗战后期的到来，通货膨胀似乎在吞噬人们的信心。
>
> 我从宜宾调回重庆农本局，在总局里工作，那是一种计划、管理、审核性质的工作，同时还兼有江苏银行的工作。这两件工作越做越简单，什么原因呢？农本局这个金融事业因为通货膨胀，意义越来越小。各地合作金库的经理和其他同仁由于通货膨胀，不得不自己做点小生意。自己做小生意本来是不被允许的，可是在这个时候想要真正禁止，也很困难，因为通货膨胀让人们生活有问题。这个时候这些拿工资的工人，工资难以维持日常生活，一个个都是兼做小买卖。拿薪金的——那个时候叫薪金生活者——收入要比拿工资的高好多倍，生活不是那么困难。但是由于通货膨胀越来越厉害，生活的威胁逐渐影响到每一个人。因此有些地位低的薪金生活者很为难：做生意还是不做生意？不做生意，生活的确非常困难；做生意吧，有面子问题，况且生意也不是那么容易做的。所以在这样一个情况之下，重庆上上下下的人对抗日战争的热情在慢慢地下降。
>
> 《逝年如水——周有光百年口述》

穿越世纪的光

1944 年，豫湘桂会战爆发，日军对河南至广西发起了侵华以来最后的大规模攻击，5 月下旬河南洛阳失陷，陕西受到威胁。西安多次遭遇空袭，但周有光一家已经返回成都。

自 1944 年 6 月起，以成都双流机场为基地，美国 B-29 型轰炸机开始轰炸日本本土更广大的区域；8 月 6 日和 9 日，美军投掷的两颗原子弹在日本上空爆炸；8 月 8 日苏联对日宣战——第二次世界大战的结局已经十分明显。（下图）

1945 年 8 月 10 日清晨，日本天皇在御前会议上决定接受《波茨坦公告》；8 月 15 日，日本天皇通过公开广播宣称接受《波茨坦公告》，向盟国无条件投降。

∷杜立德（右二）和他的飞行员们

第二次世界大战终告结束！（参见图 4-8，4-9，4-10）

　　1945 年 10 月 19 日，周恩来应西南实业协会的邀请，在西南实业大厦"星五聚餐会"上发表题为《当前经济大势》的演说。演讲中，周恩来明确提出了"国家资本、合作资本、私人资本在节制资本的原则下互相配合"的政策，重申了共产党"反对官僚资本、垄断资本、侵略资本"的态度，给很多人留下了深刻印象。1945 年 11 月 24 日，章乃器演讲《目前的局势》的次日，《新华日报》用《章乃器大声疾呼要用人民力量消灭战争》的醒目标题作了报道。在形形色色的民主人士、知识分子以及实业家、政界人士交往的圈子里，周恩来迷人的风度令许多人倾倒。他们相信，共产党将把真正的民主带给这个苦难深重的国家，他们可能谁也不会料到，战后中国进行的变革会如此复杂如此激烈。

　　回望抗战八年，张允和记录道："入川时我们是二十件行李，七个人（婆婆、有光、允和、钟妈、小老姐、小平、小禾）。出川时只剩了五件行李，四个人。"七个人中，小禾的生命永远停留在六岁那年；老保姆钟妈因病而死；年轻的保姆嫁为人妇，走了。（参见图 4-11，4-12）

4-1 :: 邓季惺（1907—1995），因受蒋介石迫害，于1948年底逃到香港。在香港时邓季惺最关心的还是《新民报》，当时夏衍是中共香港工委负责人，她特地跑去问夏衍："解放以后还能不能让私人办报？"夏衍的回答是肯定的，邓季惺也就安心了。于是，1949年4月中旬，在夏衍的安排下，她带着儿子敬琏从香港乘船回到北京。照片左下即邓季惺，上中为吴敬琏

4-2 :: 1946年，张允和与亲友在重庆章乃器家荫庐合影（张寰和摄）

4-3 :: 1938 年张几和与晓平、小禾

4-4 :: 1941 年，晓平、小禾在江安。晓平曾学着电影上的镜头，向迎面而来的蒋介石敬礼，这张照片上的他显然很自信

穿越世纪的光

4-5 ∷老西安鼓楼

4-6 ∷ 周有光去敦煌途中，曾与敦煌研究所所长常书鸿的夫人同行，图为常书鸿所画的敦煌时期的一家人

4-7 ∷ 1907 年，斯坦因拍摄的敦煌县城东门"迎恩门"牌坊

穿越世纪的光

4-8 ∷ 1944 年 12 月 2 日的 *punch* 刊登的政治漫画：这幅漫画表现了一种担忧，即将结束的"二战"意味着新的巨大裂痕的出现，世界也在新的力量平衡中发生改变

4-9 ∷中国战时陪都重庆举行了规模空前的胜利游行，共有 4 万多人参加

4-10 ∷民众的欢庆活动在 9 月 18 日武汉受降日前后迎来高潮

战 争 阴 影

4-11 :: 1938 年在重庆获知父亲去世时的全家合影。前排左起：小禾、晓平、乐勤、式枚、乐新、乐平；后排：张允和、周有光、徐雯、周慧兼

穿越世纪的光

4-12 ∷ 1946 年抗战胜利后张家姐弟的家庭合影

归去来兮

战争中生活的急剧变化考验了所有人的心理承受能力，而对更好世界的期待逐渐战胜了个人的伤痛。周有光很早就明白，从世界的角度出发，个人的存亡荣衰总是有限的。

　　战争的最终结束，首先影响了经济领域。早在战争结束前，周有光任职的新华银行就已经在为战后业务的迅速发展做准备了。战争刚结束，周有光就乘飞机先回到上海开展工作，张允和率领家人随后启程出川，乘船返乡。

　　八年离乱，张家十姐弟再次团聚，留下了珍贵的影像，每个人的脸上都流露着希望和欢愉；在上海，徐雯的五个儿女与他们的家庭一起为她庆贺 80 岁寿辰，她看上去依旧是那么优雅和富有吸引力。（93 页图，参见图 5-1）

　　刚过不惑之年的周有光，很快被新华银行派往大洋彼岸，学习美国银行的先进经验，张允和与他同行（94 页图）。由于担心儿子还没有掌握足够的中国文化，周晓平被留在中国——周母带着孙子再次回到苏州（参见图 5-2）。当时中美之间尚未开通民用航线，1947 年刚过元旦，周有光夫妇便搭乘一艘由美国军舰改装的名叫"梅格将军号"的客轮远渡大洋。

　　1947 年 1 月 13 日，周有光 41 岁生日，这天轮船刚好越过国际日期变更线，一天内连着过了两次生日使他有点儿兴奋，他长时间停留在甲板上，感受太平洋浩渺无际的自然景色对心灵的冲击，张允和却因为严重的晕船被困

穿越世纪的光

:: 1946 年，五个儿女和媳妇、女婿一起在上海庆贺周母 80 岁寿辰

在船舱中无法动弹。

美国对周有光一直具有很大的吸引力，他的老师大多不是来自美国就是有过美国求学的经历。抗战时期他对美国的了解更是直接——他们拯救了他儿子的生命，而飞虎队的勇敢在重庆几乎是家喻户晓的。在中国最困难的时候，是美国提供了无私的帮助。许多中国人和周有光一样，认为美国人帮助中国人战胜了日本的侵略。现在他将有机会全面观察美国的经济和社会状况：无论是美国银行、现代化的企业管理，还是美国大学、高效率的社会组织及

普通人的生活，都成为他在美国渴望了解的知识，这
些构成了对他有终身影响的关于民主国家和制度的印
象。从此以后，美国是他心目中民主国家的鲜明坐标，
提供了国家建立和发展过程中有参照意义的制度形式。
（95 页图）

　　周有光在美国的工作，主要涉及对外贸易及金融
服务，他对此游刃有余。他们大量的业余时间被用在
图书馆、博物馆（参见图 5-3）、大学中，用于民间探
访。周有光与实业界、学界都有广泛接触，他的一些
亲戚也已移民美国多年。观察一个与中国截然不同的
社会，使他相信制度是可以选择的。他精于经济管理

穿越世纪的光

:: 1947 年，周有光在美国纽约

技术的运用，但研究各种语言文字的发展规律，是他持久不变的兴趣。他认为中国传统文字的改革既是实用的，也是有趣的事情。为此，他收集了许多书籍、资料，它们后来成为中国近三十年"闭关自守"时代他手头仅有的资料。他说："我搞字母学是一种兴趣，我收集了许多字母学的书，想不到后来有用处。"

后来，他回忆了赵元任对制订《汉语拼音方案》的重要启发作用：

赵元任是一个很有名的教授，他暑期到

安娜堡的密歇根大学去讲学。这个课程每天都发讲义，讲义上有赵元任新设计的《汉语拼音方案》，是拼写国语的一个拉丁字母方案。我觉得这个方案非常好，后来解放后我们设计《汉语拼音方案》，就是参考了这个方案。根据50年代我在北京大学讲学时的讲义改编的《汉字改革概论》中，我就提到了赵元任的第二个方案。赵元任的第一个方案是国语罗马字方案，第二个方案就是拉丁字母方案，但是赵元任本人都忘记了。

《逝年如水——周有光百年口述》

这里提到的赵元任的拼音方案，后来成为周有光参与研究、制订《汉语拼音方案》时重要的参考方案之一。

经他农本局的上级何廉介绍，周有光在美国还有机会与爱因斯坦见了面，但他最想知道的关于原子弹的问题，最后并没有被提及。后来周有光记下了这次见面：

何廉到普林斯顿大学做研究教授，爱因斯坦也在普林斯顿大学做研究教授。他跟我说："爱因斯坦现在空闲得不得了，想找人聊天，你高兴跟他聊天吗？"我说："当然很高兴。"这样就两次去访问爱因斯坦。我们是一般的谈话，当时的国际形势，当时美国发生的情况，随便讲讲……

爱因斯坦的物理学我一窍不通。我的印象就是他的人非常好，生活也很随便。我们在银行界，穿衣服都很讲究，他在大学里，大学的风气跟银行不一样，大学教授穿衣服马马虎虎的，他穿的衣服还没有我讲究。他没有一点脾气和架子，给我的印象非常好，我们侃侃而谈，没有任何架子。他不是讲话滔滔不绝的人。

《逝年如水——周有光百年口述》

美国的生活很优裕，周有光经常可以和张允和一起旅行（参见图 5-4，5-5），但这段看似很轻松的生活并没有持续很久。1948 年，中国共产党最终取得政权已经只是时间问题；即使在西方，共产主义国家的实验也让很多知识分子为之着迷。滞留在美国的大多数中国知识分子对未来满怀憧憬，老舍就是其中之一。当时活跃在周有光身边的中国人，几乎都是共产党员。他们豪情满怀，望眼欲穿，认为中国将走上真正民主的道路，马克思主义则是拯救中国的思想武器。

美国的经历将成为一颗被深埋的精神火种，某种程度上削弱了周有光思想上的"左"倾：他在先进国家看到的不仅是实用的知识，也包括宪政思想和民主信念。但是，对于国家治理中的政权性质问题，周有光好像并没有过多关注。然而，他也有政治立场的选择，在后来发表的回忆录中，周有光承认：

当时不仅中国处在历史转折的关键时刻，欧洲也是非常明显地处于历史转折的关键时刻，没有一个人能够不考虑政治问题，甚至说没有一个人不能不考虑自己应该站在政治的哪一方面。

《逝年如水——周有光百年口述》

归去来兮

1948 年，在去英国旅行的途中，经反复思考，他决定不再返回美国，而是尽快回国。后来，周有光称这一举动既考虑到母亲无法来美国居住，也考虑到自己的专长在中国用处更大：

> 我回国有两个原因，一个是我认为中国解放了，有希望了，大家都希望回来为国家做点事情，这是当时青年的一种思潮。很多人回来，不是一个两个，而且抱一种理想的人才回来，没有理想的人不一定回来。还有一个原因，就是我的母亲在中国，不肯去美国，我不愿意与母亲长期分开。

《我的人生故事》

回国之前，他与张允和游历了欧洲。旅程中，他与张允和更多耳闻目睹的，是海外中国人在浓重的想象色彩中对中国未来的描绘。周有光同时也留意到马克思主义在欧洲的现实。在马克思主义的发源地之一英国，它似乎正在经历某种"退潮"。他还注意到，威廉·贝弗里奇爵士沿着"费边社"道路提出的"从摇篮到坟墓"的福利社会主义方兴未艾。此时，解放战争已进入尾声，一个从未有过的中国将在东方诞生。

周有光与张允和从伦敦经香港回国。在香港，周有光与前来避险的家人团聚，继续为新华银行（参见图 5-6）处理业务，等待彻底的回归。1949 年5 月 27 日，上海解放。6 月 3 日，周有光一家从香港乘坐"盛京轮"重返上海。在周有光的影响下，他的五姐周心闲也放弃了在香港的工作，带着她的三个儿女回到上海。

穿越世纪的光

::上海复旦大学老校门

新中国成立初期，周有光的身份有点儿特殊：既在新华银行工作，又是刚刚成立的人民银行（100 页图）华东区私营业务处第一副处长，还在复旦大学经济学研究所讲授经济学（上图）。1952 年，全国高等院校院系调整时上海财经学院（101 页图）成立，周有光被调去当了教授，同时兼研究处主任。新中国成立初期，他和其他人都受到了很好的礼遇：

> 在上海生活很好，我又是大学教授，又是新华银行秘书长，又兼职人民银行华东区行，拿三份工资，工作很顺利。张允和在光华附中教书，在上海是最好的中学，她教中国历史。我们在苏州还有一个家，我母亲不

:: 外滩中山东一路 24 号原为中国人民银行华东区行

穿越世纪的光

∷上海财经学院老照片

喜欢住上海，小孩子觉得住上海也没有苏州
好。苏州的环境很好。

《我的人生故事》

他们在上海山阴路东照里66号住过较长时间，这
是一个比较安静的住处。新中国成立前附近居住过鲁
迅、瞿秋白和茅盾等人。

此时，1951年底开始的"三反""五反"运动在经济领域已产生强大的威慑作用，但尚未影响到大多数人的生活。消灭私有制，计划经济取代市场经济，经济学变成了政治经济学。（103页图及104页上图）此时，作为经济学方面专家的周有光发表的文章已经不再与经济学有关，更多体现了他的业余兴趣。1952年，上海东方书店出版了周有光的《中国拼音文字研究》，1954年又出版了《字母的故事》。很自然，周有光已经被视为文字改革专家，他经常参加文字改革研讨活动。

为了在全国推行普通话和简化汉字，1954年，北京成立了直属国务院的中国文字改革委员会，领导人物是得到毛泽东直接支持的吴玉章，还有胡愈之。吴玉章在重庆时就认识周有光。这个委员会需要推出一个切实可行的汉语拼音方案，配合教育和扫盲运动（104页下图及105页图）——他们正在吸引人才完成此项工作。

1955年，周有光当选了上海市政协第一届委员会委员。在北京开完第一次全国文字改革会议之后，周有光就被留在了北京，这时张允和完全脱离了工作。她本来在上海光华大学附中任历史教师，针对当时高中历史教科书中存在的明显问题，她写过论述文章，受到《人民日报》的关注。时任人民教育出版社社长的叶圣陶推荐她去人民教育出版社工作——那里正需要有专业知识的人编辑课本（106页图），张允和于是先被调往北京。

但张允和的家庭背景，使她在"三反""五反"运动中成为受怀疑目标，遭到冲击。尽管后来事情不了了之，张允和却因此病倒。返回上海养病之后，她对这样的工作环境深深感到畏惧。周有光很理解她，不再让她上班。张允和说："我这才安心做了46年标准的家庭妇女，没再拿国家一分钱工资。"

穿越世纪的光

:: 1956年前后开始的公私合营，就是在私营企业中增加公股，国家派驻干部（公方代表）负责企业的经营管理。此举使得经济领域与政治领域合二为一

经历"三反""五反"斗争后，正常的教学和研究已不再可能，周有光完全放弃了经济学研究，专注于文字改革和语文现代化研究。

1944年1月起就与周有光在新华银行共事并得到周有光很多帮助的前交通银行北京分行副行长李富亭，在2005年给周晓平的信中写道："1949年8月，上海新华银行工会《会讯》刊登有光先生的文章《新华的新任务》。文章祝贺新华获得了新的生命……应当担当起新时代所给予她的作为公私合营之间桥梁的新任务。岂料，仅仅三年过后新的生命就夭折了，新的桥梁就被拆、掉落。我想，这不该是有光先生改行的原因吧？"

:: 上海黄浦区国际贸易业的资本家排队向"五反"委员会递交"坦白书"

　　1956 年 4 月，在北京春天特有的大风沙席卷下，周有光住进了沙滩后街 55 号的"文改会"宿舍，一住竟是二十多年。（参见图 5-7、5-8）

　　作为《汉语拼音方案》具体方案的制订者之一，周有光提出了"三原则"和"三不是"。"三原则"是"拉丁化、音素化和口语化"。其中，拉丁化决定了拼音符号的基本形式，音素化能够保证做到拼写所有音节，口语化则将普通话作为拼音方案设计的基础。关于"三不是"，他强调说：

　　　　（1）不是"汉字"拼音方案，而是"汉语"拼音方案；（2）不是方言拼音方案，而

穿越世纪的光

∷ 1979 年 9 月 27 日，胡愈之（左）和作家、教育家、出版家叶圣陶（1894—1988）在察看新出版的《辞源》修订本

是普通话拼音方案；（3）不是文言拼音方案，而是白话拼音方案。

《我的人生故事》

《汉语拼音方案》的成功某种程度上也是历史的必然。方案的制订者在无数前人的实践中获得了许多宝贵启示，在最终确定方案原则时，他们获得了超过5000 个建议和提案，慎重比较各种不同方案和设想，权衡利弊得失。最重要的是，这些制订者不仅熟悉汉语读音规律，而且通晓英语及拉丁字母的运用规则，这对方案的最终成功至关重要。这一时期周有光的主要领导是吴玉章、胡愈之。倪海曙、叶籁士、陆志韦、

杜松寿等都是他的同事和合作者，他们在文字改革方
面有长期共识，都发表过许多推进文字改革的文章。
这为方案的最终成功提供了效率保障。

1958 年 2 月 11 日，《汉语拼音方案》在第一届
全国人民代表大会第五次会议上获得批准。这是新中
国为语文现代化事业作出的伟大贡献。（107 页图、
108 页图）

到了 20 世纪 60 年代初期，周有光已经完成他在
语言文字学方面的一些重要工作，《汉字改革概论》
等一系列重要作品已经面世，《字母的故事》正在发
展出更宏大的理论架构。同时，作为大学外的专家，
他在北京大学、中国人民大学讲授过汉字改革的课程。

这一时期与周有光交往最多也最投缘的是倪海
曙。倪海曙在民国时期曾大力推行北方话拉丁化新文

穿越世纪的光

▲ :: 1958 年，吴玉章在四川自贡市检查孩子们学习拼音字母的情况，鼓励他们好好掌握这个识字的工具

▶ :: 1957 年法国人镜头下的影像：小孩一旦识字，就到街上花几分钱租本小人书来看。这些连环画大部分是革命英雄的故事，偶然会有些童话、民俗故事

字——简称"北拉"。1949 年后，他们相处的时间更多：两人同在上海复旦大学授课，一起编辑《语文知识》杂志；差不多前后调往北京；很早就各自发表了语言文字改革方面的重要作品。两个人有许多共同点和互补性：周有光侧重思考和研究语言变化的历史沿革，倪海曙善于进行文字改革实践上的可行性研究和"文改"资料的编辑和出版。1955 年以后，周有光和倪海曙都是全国政协委员，相互间保持着持久的信任关系。

此时北京已是全国政治文化中心，张家众多姐弟中的三妹张兆和与三弟张定和、小弟张宁和先后定居北京。（参见图 5-9、5-10）张允和爱好丰富，且好客、善交，家里经常高朋满座。与周家往来最密切的是沈从文夫妇，沈从文与周有光是一对相互敬重、性格相异的连襟：周有光调侃"沈从文从没有去过法国，

∷ 与汉语拼音的成功齐头并进的，是"大跃进"时期的到来

但写的小说比法国人还法国"；沈从文称周有光为"周百科"，部分原因是周有光对百科知识的偏好。不过，周有光夫妇的家庭生活十分充实，这与周有光对差异的包容度有关：

> 从表面上看，是她"洋"我"土"；从文化的欣赏方面看，是我喜欢"洋"她喜欢"土"。这个状况应当说是很不调和的。可是我认为这不是不调和，而是正好互补的。她可以把她对昆曲的欣赏传给我（参见图5-11），我可以把我对西洋音乐的欣赏传给她。于是这个不一样一直影响到其他的文化生活，常常是我喜欢的，她不一定喜欢，她

穿越世纪的光

喜欢的，我不一定喜欢。比如我喜欢研究拉丁化运动，喜欢搞速记，她一点兴趣都没有。可是这并不妨碍我们两人的共同生活。我认为夫妇两人的兴趣不可能完全相同的，完全相同了可能反倒单调了；有所不同可以互补，那样生活情趣可能会更多。

《逝年如水——周有光百年口述》

周有光欣赏张允和并不满足单纯做家庭主妇（下图）：

她到北京来，就是自己写写文章，研究昆曲，跟俞平伯他们一起搞昆曲研习社。

《我的人生故事》

:: 昆曲演出后，周恩来与演出者合影，低头者为张允和

1964 年，周母徐雯去世了，享年 96 岁。她不仅影响了周有光的性格和生活抉择，也影响了孙儿周晓平——他具有和父亲同样温文尔雅的个性。周晓平在 1958 年结婚，1959 年有了唯一的一个女孩，小名"庆庆"。

同一年，周有光在西安做推广语言研究的社会调查时，与文坛、诗坛、新闻界奇才聂绀弩意外相遇，聂绀弩听了他即兴演讲后印象深刻，写下了"黄河之水自天倾，一口高悬四座惊"的诗句。与很多朋友一样（上图），聂绀弩惊叹于周有光沉静的外表下含而不露的博学和口才，在诗中还描绘了周有光的性格特点。（参见 5-12）

1966 年，"文化大革命"爆发，这一年周有光已经 60 岁了。某天，既是同事也是好友的倪海曙随口吟了一句"伊凡彼得斯大林"，周有光应声而和"秦皇汉武毛泽东"。这一调侃触发了"文革"的政治禁忌，幸好没有被深究。但作为"反动学术权威"，周有光也经历了批斗、抄家、进"牛棚"的过程。

"文化大革命"开始后的第三年，大批城市学生被迫离开城市，去农村插队落户，干部下放劳动，城镇生活日渐萧条。其子周晓平和妻子何诗秀去了湖北潜江，张家三妹兆和与丈夫沈从文去了湖北咸宁，三弟定和去了河北蔚县。周有光63岁时，去了宁夏平罗的"五七"干校。

张允和是"家庭妇女"，带着孙女，独自留守家庭。

5-1 :: 1946 年张家十姐弟合影

5-2 ∷ 周晓平与表姐妹情同手足。这是抗战胜利后，10 岁左右的晓平与式玫、马力在苏州家中的合影

5-3 ∷ 1947年张允和在美
国纽约美术馆

穿越世纪的光

5-4 ∷ 1948 年 4 月，周有光与张允和在意大利庞贝古城（摄自张寰和家庭相册）

5-5 ∷ 1948 年，周有光、张允和在意大利庞贝城

5-6 ∷ 上海江西路老照片，江西中路 255 号为新华银行旧址

5-7 ::沙滩后街 55 号公主
府大殿

5-8 ::沙滩后街 55 号小院
是周有光来北京后最早居住
的地方

5-9 ∷ 1962 年的家庭照。周晓平当时正在苏联

5-10 ∷ 张允和的弟弟张宁和及夫人罗
吉兰（Roger Ghislaine）【比利时籍】
1954 年至 1960 年间也在北京工作。张
宁和是中央乐团最早的指挥之一，夫人
也在乐团教授小提琴，后因政治空气紧
张被迫离开中国。照片是二人的大女儿
张以达出生后，罗吉兰的母亲来北京照
顾时的合影（后排左起∶沈从文、周有光、
张兆和）

穿越世纪的光

遇有光西安①

黄河之水自天倾，一口高悬四座惊。②
何处相逢谈兴少，片时不见旅愁生。③
人讥后补无完裤，我恐先生是岁星。④
举碗自谦茶博士，乐游原上马蹄轻。⑤

①在西安有机会（遇）和周有光在一块。

【周有光】 1906年生，江苏常州人，原名周耀平。语言文字学家。就读上海圣约翰大学，转入光华大学读钱币史，1927年毕业。30年代留日，40年代去美进修。1949年回国先后在复旦大学、上海财经学院任教授。现任中国文字改革委员会研究员兼人民大学语言文字研究所研究生导师、中国语言学会理事、北京语言学会顾问、全国高等学校文字改革学会顾问，全国政协委员兼教育组副组长。著有《中国拼音文字研究》、《字母的故事》、《汉字改革概论》、《中国语言的现代化》等。

【西安】 陕西省省会。

②黄河的（之）水从（自）天上好像反转（倾）了盛它的器物流下来，有光的嘴（口）像黄河水一样，高高地吊（悬）在空中，叫周座位上的人都惊讶、赞叹。

唐·李白《将进酒》："君不见黄河之水天上来"。

【黄河】 见《北荒草·割草赠莫言》注④。

5-12 :: 《聂绀弩旧体诗全编》中收录的关于周有光的诗作

穿越世纪的光

宠辱不惊

　　宁夏平罗旧称平虏，让人联想到岳飞著名诗篇《满江红》："驾长车，踏破贺兰山缺。壮志饥餐胡虏肉，笑谈渴饮匈奴血……"（上图）

　　20 世纪 50 年代后期，平罗西大滩这片荒凉的土地上（参见图 6-1）建立了一个劳改农场，"文革"中被改建为"国务院直属口平罗五七学校"，在此改造大批来到这片荒漠的下放干部。1968 年 12 月，第一批学员开始改建这个荒漠中的农场，1969 年 11 月 3 日，周有光随着更多下放干部来到这里。

　　体力劳动成为改造思想的主要方式：他们在集中政治学习以外，大量的时间被用来修渠、种地，以示脱胎换骨的决心。平罗的环境与江南完全不同：

穿越世纪的光

整个冬天，宁夏平罗看起来好像是一个死寂的地方。在这个地方一点光明、一点希望都没有。但是过了一个冬天，春天来了，春天来得很晚，出乎预料……过了 5 月 1 日，豁然开朗，原来看不见的树，看见了，长出叶子来了，绿叶子长得很快。啊呀！看到了绿叶子使人愉快高兴得不知怎么形容，就像从一个地狱到了天堂，一下子从冬天到了春天。当地的河流本来没有水，到了 5 月 1 日就开闸——这个闸叫青铜峡，我现在记起来了。青铜峡不仅是一个水库，还是一个发电站，我们的电就是从那里接来的。5 月 1 日青铜峡开闸，水就流到河里，流到我们种田的小田沟里。

《逝年如水——周有光百年口述》

随着"江南季节"的到来，劳动强度陡然加大：

在平罗种田，我做的最困难的就是挑秧……走这个又软又滑的小田埂，要有技巧。走快了不行，否则没有踩稳，人要跌倒的，那就满身都是泥浆了，而且还会被骂。走得太慢了也不行，太慢你的脚就粘住了。所以速度要掌握好，要一脚踩稳赶快往前迈，这样维持身体的平衡，不会跌倒。我呀，居然没有一次跌在田里……我那个时候已经是六十五岁了，还能挑秧，在又滑又烂的小田埂上走。我今天还是很得意的。

《逝年如水——周有光百年口述》

宠辱不惊

长期居住在城市的周有光对许多城市生活中不常见的事物感觉新鲜，其中有当地的"小咬"和蚊子。他作过一首诗，可惜后来只记得一句，"小咬如雾蚊如烟"。（上图）

◀ :: 宁夏"五七"干校的具有时代特征的宣传陈列品

▲ :: 干校时的土坯房

到了冬天，周有光被派去检查干校的白菜，白菜从天津运来，是北方冬天补充维生素的主要来源。干校每天都派人检查储存的白菜腐烂情况：开始腐烂的白菜会被挑出来先吃掉。周有光称之为"白菜原理"：

好的不吃，吃坏的。不坏不吃。坏光吃光。

这个原理可以运用到许多社会科学上面去。

《逝年如水——周有光百年口述》

到干校的第二年，65岁的周有光得到照顾，可以不去大田劳动。他和71岁的教育部原副部长林汉达一

穿越世纪的光

起去看守即将成熟的高粱地，他们曾经在"文改会"共事。彼此熟悉的人在一起，学术兴趣随之而来。周有光在《跟林汉达先生一同看守高粱地的时候》一文中写下了这个故事：

::倪海曙著作《中国拼音文字概论》（封面）

> ……谈得起劲，我们坐了起来。我们二人同意，语文大众化要"三化"：通俗化、口语化、规范化。通俗化是叫人容易看懂。从前有一部外国电影，译名《风流寡妇》。如果改译《风流遗孀》，观众可能要减少一半……
>
> 林先生进一步说："三化"是外表，还要在内容上有"三性"：知识性、进步性、启发性。
>
> 我们谈话声音越来越响，好像对着一万株高粱在演讲。
>
> 　　　　　　　　　《今日花开又一年》

::周有光后来利用下放宁夏时的研究成果，写作了《汉字声旁读音便查》

对于他们来说，研究学问是对人生意义的肯定。环境闭塞，缺少研究资料，周有光带了20多本各种文字的《毛主席语录》，空闲时用来做文字的比较研究，一本《新华字典》做字形分析。后来他利用当时的研究成果写成《汉字声旁读音便查》（左下图）。

林汉达（右图）也在悄悄地搞自己的研究，他的《上下五千年》中的许多章节，便是在宁夏干校期间悄悄写下的。

1971 年 9 月 13 日，林彪突然出逃，坠机在蒙古。流言四布，人心浮动。当这件事逐级传达时，从窃窃私语到公开宣布，表明了没有什么人在政治高压下是安全的。

不过，在周有光笔下，历史性的时刻是与"大雁下大便"联系在一起的：

:: 1972 年 7 月初，还在"牛棚"劳动改造的林汉达（中），接受了周恩来总理委托审校《国际主义还是俄罗斯化》一书。这位年过古稀的长者夜以继日地伏案工作，认真校改，每天工作长达十六七个小时之久，7 月 24 日深夜，他终于完成了这项任务。7 月 26 日凌晨 3 时半，林汉达先生因心脏病发作，抢救无效而与世长辞

　　林彪死的时候，通知我们第二天一早开会。开会是在外面的空地上，自己带小凳子，没有礼堂的，是露天开会。我看到那天天气很好，是大晴天。那面温差很大，早晨冷中午热，开会时间长，晒太阳很热的，我就戴了一个很大的草帽。快到中午的时候，听到大雁来了，好多哦！铺天盖地！大雁的纪律性好得不得了，飞到头上的时候，怪得很，领头的大雁一声大叫，所有大雁集体大便！那天好多人没有想起戴帽子，搞得头上身上都是大便，我幸亏戴了帽子，只搞上一点点。大雁的大便，洗都洗不干净！本地人说，大

穿越世纪的光

雁能准确地把大便拉到人头上，这种事情，一万年才有一次！有趣味得很！

《周有光百岁口述》，周有光口述，李怀宇撰写，广西师范大学出版社，2008 年 5 月第 1 版

　　幽默感是周有光在生活中对抗不愉快的现实的最好良方：他将从天而降的大雁粪便称为"幸福的及时雨"。几个月后，学员们奉命撤回北京，1972 年 4 月，"国务院直属口平罗五七学校"被撤销（参见图 6-2）。春寒未尽的 1972 年，周有光从干校回到了大动荡之后的北京，生活好像又一次回到了它的原点。

　　沙滩后街 55 号的五间半房子已被别人占用，原先清静的小院，人声嘈杂。周有光夫妇又一次变得清贫如水，最初他们甚至只能栖居在朋友家。不久，在归还的一间半房子里，他们重新开始了正常的家庭生活。（左图，参见图 6-3）

　　此时，人人畏惧的政治运动正在逐渐失去完全控制人的魔力——虽然多数获得自由的人尚在惊魂未定之中。一旦再次拥有安定的生活，对学术的兴趣重新成为周有光生活的主要内容。他进一步拓展自己的学术方向，开始将语文现代化与社会、思想、制度的现代化相结合，加以思考。

:: 20 世纪 70 年代初周有光、张允和在太湖湖滨（张寰和摄）

宠辱不惊

127

:: 1976年发生了唐山大地震，20多万人死于这场自然灾难

　　1976年，这是萌发希望的一年，又是兼具破坏性自然灾害和国之灾难的一年：唐山特大地震（上图）将几十万人埋葬在黎明之前；曾经深深影响中国历史进程的大人物相继去世；然后是倒行逆施的"四人帮"出乎意料地迅速垮台。

　　这一年，周有光恰好70周岁，经历了粗野的时代，他看上去安然无恙。他具有一种难以摧毁的性格特点：内心充满理性和幽默感，随遇而安，从不极端，随时可以找到自己有兴趣的事情。这时他服务的工作机构尚未恢复正常的秩序，但也没有了过去刻板的规定，扩大了他的思想自由度。他因唐山大地震避难去了上海、苏州，在那里，他看到富裕的江南在十年动荡之后也是一片凋零。这不断推动他思考社会制度的变迁与国家进步、人类发展的基本规律之间的关系，他的研究增加了他对整个人类的悲悯之心。（参见图6-4）

　　1978年3月，周有光重新成为全国政协委员，还担任了全国政协教育组副组长。这一年的秋天，一个由美国大学教授组成的访问团前来中国，四妹张充和的夫婿傅汉思是副团长。阔别多年，他们终于恢复了联系。

1979 年的春天，周有光突然被要求去参加在华沙召开的国际标准化组织（ISO）会议（参见图 6-5），那是"文革"后他第一次出国。由于是对方邀请，周有光只是换掉了打补丁的衣服，穿上临时定做、需要归还的西装，身无分文地被送上了飞机。他预见到，中国与世界的交往及文化的交流需要实现单一罗马化读音标准，因此不失时机地在这次会议上提出将《汉语拼音方案》作为拼写汉语的国际标准。1982 年，国际标准化组织投票通过了他代表国家提交的建议。周有光说：

> 汉语的字母从"民族形式"到"国际形式"，从"国内使用"到"国际使用"，从"国家标准"到"国际标准"，一座使中国语文和中国文化通向国际舞台的桥梁建成了。
>
> 《周有光文集》

很久以来，人们就期待在不同的文字中间可以找到一种转换方式，减少汉字与其他语言的翻译问题、减少读音带来的一些可以避免的错误。《汉语拼音方案》作为拼写汉语的国际标准，使得汉语具有了对应汉字的标准化读音表述，减少了发生在不同语言的交流过程中的错误。

1984 年，张允和陪同周有光再次来到已经离开 30 多年的美国（参见图 6-8），周有光希望海外人士了解汉字改革的意义，他在一些大学介绍了中国文字改革的必要性，同时充分利用这一机会了解美国"二战"以后的变化。

宠辱不惊

他们与张充和夫妇重聚，傅汉思请他吃饭，他则对麦当劳发生兴趣。麦当劳或许也意味着一种美国对其他国家日常生活的全球性影响。不过，还要再等三年，麦当劳才进入了中国市场。

此后，周有光访问香港，还多次出访日本（参见图 6-6）、新加坡（参见图 6-7）等国家，考察与汉语有历史传承、运用关系的国家和地区在文字改革、语文现代化以及双语教育等方面发生的深刻变化。他仔细地研究香港的语言问题——这个与内地差异极大的国际化大都会，很长时间里官方教学语言是英语或广东话。至香港回归前后，大中小学才开始设置普通话课程。周有光一方面看到香港在双语教育上的成功，另一方面也了解了香港中国语文学会、香港普通话研习社这样一些民间团体的作用：这些团体一直在试图将拼音优化教学引入香港，促使汉语拼音也成为香港中文发音的基本标准，这不仅有利于内地与香港的文化交流与融合，同时也将促使香港成为语文现代化、双语教育的一种典范。当周有光得知香港熊怀苑（参见图 6-9）长期从事普通话教师培训与优化拼音教学研究时，他给予了特别的支持、鼓励和关爱。

周有光投入更多精力的工作，是落实《简明不列颠百科全书》（右图）在中国出版的细节。早在 1980 年，

:: 1979 年，邓小平会见美国不列颠百科全书公司编委会副主席吉布尼

穿越世纪的光

中国大百科全书出版社和美国不列颠百科全书出版公司就商定了百科全书的中文版合作计划，这是 1979 年中美建交后重启文化交流的一件大事——是邓小平亲自决定的中美文化合作。为此，中美双方成立了一个联合编审委员会，各自委派三名成员。中方主席为刘尊棋，委员是钱伟长和周有光，分别负责自然科学和社会科学内容的中文审核。

这项工作集中了当时国内各方面的顶尖人才，全书共 10 卷，1985 年出版，包括 71000 多个条目、5000 余幅图片，共约 2400 万字。《简明不列颠百科全书》中文版，为封闭已久的中国社会系统了解世界各国自然科学及社会科学的最新成果提供了可能性。（上图）

此后，中国开始编写自己的百科全书。1978 年，中国大百科全书出版社成立，周有光担任了编辑委员会的委员。参与《中国大百科全书》编写的专家学者有 2 万

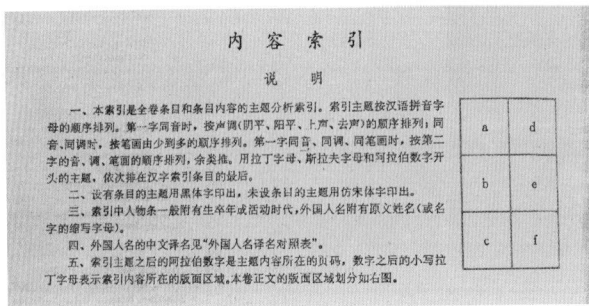

多人，历时 15 年，1993 年出齐第一版 74 卷，第一版索引按学科分类出版。2009 年出版的第二版，采用了周有光和倪海曙的建议，按照国际通用方式，全书的条目按照汉语拼音顺序统一编排，它是中国第一部按照国际惯例编排的大型现代综合性百科全书。（上图）

此后，周有光还积极提倡双语教育的观念，他已经敏锐地察觉到一个新的时代的来临，中国的语文现代化将包含更多的国际因素。2003 年，美国汉学家德范克(John De Francis) 教授主编的《ABC 汉英大词典》（参见图 6-10）由上海汉语大词典出版社引进。在这部既有实用价值又有学术价值的双语词典的扉页上印着：谨以此书献给中国文字改革最坚定的倡导者。

扉页中提到的人有：卢戆章、鲁迅、茅盾、王力、吕叔湘、周有光，其中对周有光的献词是：

最有成果和最敏锐的文字改革的倡导者。他强调实行"双文制"（digraphia），这将成为实现现代化的必不可少的部分，并将形成

　　　　　　　　穿越世纪的光

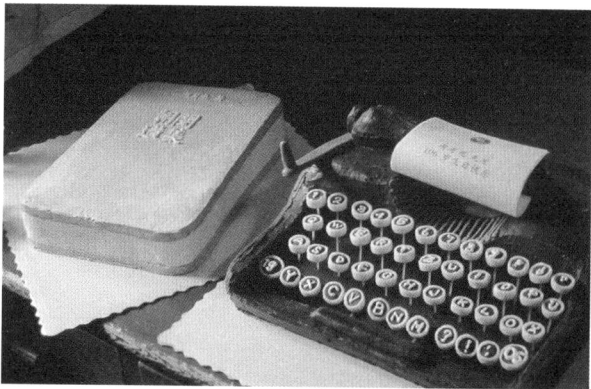

:: 100 岁时，周有光收到的别致的生日礼物：蛋糕做成新作《朝闻道集》以及相伴几十年的打字机的模样

进入计算机时代的有效通道。

《ABC 汉英大词典》，上海汉语大词典出版社，

2003 年 4 月第 1 版

这部著名的大词典出版时，所有献词中提及的人都已经离世，周有光是唯一的在世者。

1985 年，周有光一家告别沙滩后街 55 号的"陋室"，迁进了新居。那是朝阳门内后拐棒胡同一处灰色的新建楼房，"文革"时是收容知识分子的"牛棚"所在地。

1988 年 12 月 31 日，周有光正式离休。再过十几天，就是他 83 周岁的生日。但直到 1991 年，他才把办公室从办公大楼移到了相距很近的家中，移到了那间 9 平方米的小屋里。这一年他有了更快捷的写作工具——

一台来自日本夏普公司的电子打字机。日本技术人员
曾特意找到周有光，请教与汉字输入相关的问题。周
有光详细介绍了汉字拼音的特点，使得键盘输入汉字
的技术不断获得改进。他也因此获得了当时国内还比
较罕见的中西文电子打字机（上图），这是他离休后
写作时最得力的工具——直到键盘打字机被电脑彻底
取代。（133 页图）

　　1995 年，张允和恢复了家庭杂志《水》的编辑工作，
并继续写作她的《昆曲日记》。她在 1989 年 79 岁时
发表的文章《温柔的防石浪堤》，让很多人了解了这
对令人艳羡的伉俪的爱情生活。《最后的闺秀》等作

::三联书店出版的《语文闲谈》（三册）封面

品显示了这个家族的后代的优雅风度，从没有真正被摧毁。周有光和沈从文两对夫妇的故事，对公众具有传奇、创造力和历史结合的魅力。

除了担当百科全书的工作以外，周有光的学术研究进入了一个新的时期，《中国语文的现代化》等一系列具有很大学术跨度的著作相继出版。尤其是《语文闲谈》（左图）在生活·读书·新知三联书店的出版，标志着周有光形成了审视全球化巨大影响的独特角度和立场，他完成了学术上既连贯又具开拓性的转变。此后他的著作的重点，在于对人类进步与发展的常识性阐述，在许多问题上的思想警觉，往往使周有光的观点在历史演进的规律及特点方面具有某种预见性。

1996年，周有光与中国艺术研究院的宋铁铮一起，为后人讲述自己漫长的一生，张允和在一旁补充，他们在一起重涉了将近百年的历史长河——那时，周有光谈及的大多数与他有密切交往的人，都已经离开了这个世界。

6-1 ∷ 西大滩

6-2 ∷ 干校原址墙上
重新涂饰一新的宣传
画，反映出那个时代
的思想和舆论特色

穿越世纪的光

6-3 ∷ 1975 年，张允和与沈从文、张兆和等在沙滩 55 号留影

6-4 ∷ 1976 年唐山地震后，周有
光夫妇到上海，在三姐周慧兼居
住的大陆新村的家门口合影（左
起：周俊人、毛廷襄、周慧兼、
周有光、周惠言）

6-5 ∷ 1070 年 1 月，国际标准化组织召开华沙会议，周有光代表中国在会上发言，提议将汉语拼音作为拼写汉语的国际标准。1982年，这一建议正式被联合国采用，并在其他国家推广

6-6 ∷ 1985 年周有光率中国文字改革参观团访问日本。受到日本"罗马字社"理事长村野辰雄以及同仁的热情接待

6-7 ∷ 1987 年 12 月 1 日，应新加坡华文研究会邀请，在新加坡《联合早报》新闻中心演讲并进行学术讨论。周有光左面的是华文研究会会长卢绍昌

6-8 ∷ 1984 年，张允和陪同周有光访问美国

6-9 ∷ 2004 年，熊怀苑（右
一）在周有光家中听取周老
和冯志伟教授（右二）介绍
中国语文现代化学会的宗旨
和理念（左一为当时驻联合
国的英文翻译吴文超）

谨 以 本 书

献 给

中国文字改革最坚定的倡导者

卢憨章
(1854—1928)

文字改革的先驱。他在1892年制定的拼写几种汉语方言的拼音方案标志着中国人关注
文字体系改革的开端。

鲁 迅
(1881—1936)

二十世纪中国最伟大的作家，他热情支持三十年代的拉丁化新文字运动。

茅 盾 (沈雁冰)
(1896—1981)

中国最重要的小说家，曾任文化部部长，他在1962年首次呼吁实行"两条腿走路"的方
针，即使用两种文字系统，既用传统的汉字，也用新的汉语拼音字母。

王 力 和 吕叔湘
(1900—1986) (1904—1998)

中国两位最卓越的语言学家，他们都强有力地主张文字改革。前者批评了知识界对这
种改革的责难。后者因词典学家未能编写出完全按拼音字母顺序排列条目的词典而感
到痛惜。

周 有 光
(1906—)

最有成果和最敏锐的文字改革的倡导者。他强调要实行"双文制"(digraphia)，这将成为
实现现代化的必不可少的组成部分，并将形成进入计算机时代的有效通道。

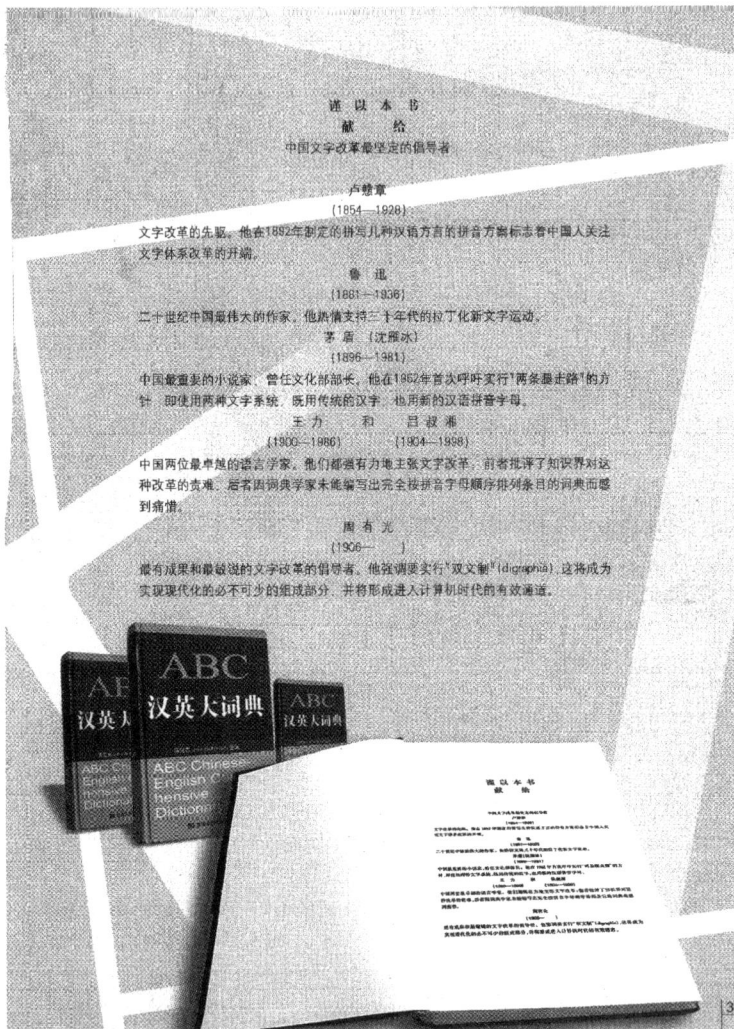

6-10 ∷《ABC 汉英大词典》献词

安常处顺

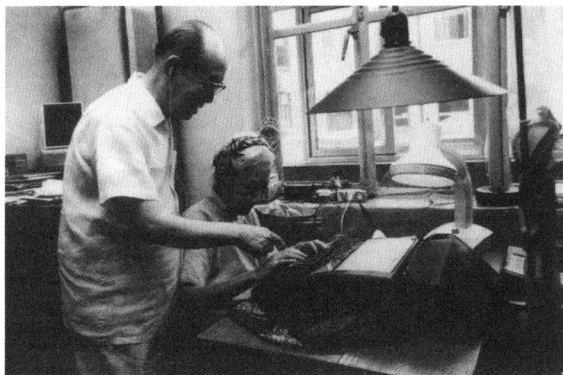

"爸爸在生命的大部分时间里，考虑的都是和自己无关的事情。"周有光的儿子周晓平这样描述周有光的日常生活。80岁以后的周有光，变得更善于思考和学习，他的记忆力依旧异于常人，学术研究也进了另一个黄金时期：从语言文字发展规律的研究转向对世界文化、文明史的比较和探索。他自述：

> 我如饥似渴地阅读，把中外书刊中有价值的资料记录下来，进行整理，删繁就简，写成方便自己查看的短篇杂文。这可以说也是一种自我科普教育。偶尔把其中几篇发表出去，请读者指正。得到有益的批评，我喜不自胜。如果招来谩骂，我要郑重感谢，"千金难买文章骂"。批评当然要通过思考而后接受。但是在万马齐喑的时代，能听到刺耳的不同声音，那是真正的振聋发聩。
>
> 《朝闻道集》（增订版），周有光著，世界图书出版公司，
> 2014 年 3 月第 1 版

耄耋之年，周有光的阅读与研究侧重点在于如何理解世界，后来他的一个著名的观点"从世界看中国"，就是对我们采取何种方式了解乃至理解世界的严肃提醒：

老年读书，我主要读专业以外的有关文化和历史的书籍，想知道一点文化和历史的发展背景。首先想了解三个国家：中国、苏联和美国。了解自己的祖国最难，因为历代帝王歪曲历史，掩盖真相。考古不易，考今更难。苏联是新中国的原型，中国改革开放，略作修正，未脱窠臼。苏联瓦解以后，公开档案，俄罗斯人初步认识了过去，中国还所知极少。美国是当今唯一的超级大国，由于戴高乐主义反美，伊斯兰教反美，美国的面貌变得模糊不清。了解真实的历史背景困难重重。可是旧纸堆里有时发现遗篇真本，字里行间往往使人恍然大悟。我把部分读书笔记改写成为短篇文章，自己备忘，并与同好们切磋。

∷《现代文化的冲击波》（封面）
∷《汉语拼音　文化津梁》（封面）
∷《百岁新稿》（修订版封面）

> 先知是自封的，预言是骗人的。如果事后不知道反思，那就是
> 真正的愚蠢了。聪明是从反思中得来的。
>
> 《周有光文集》

1997 年，他将《世界字母简史》扩充后出版《世界文字发展史》，这部著作将他最重要的语言文字研究做了一个清晰的学术总结。其后，《现代文化的冲击波》《汉语拼音　文化津梁》《百岁新稿》（143 页图及本页上图）等作品开辟了全新的学术思考领域，这些作品与语言文字研究既有内在的承继关系，又延伸出新的视角和思想观点。他关注全球化趋势下文化的交融、冲突与发展——其中包含对中国如何实现思想领域的现代化的深刻思考，重点却落在文化与历史的互动上，他关注的视野超越了一己一国。同时，周有光对中国文化的认识，建立在深刻反省的基础上：

：抗战时期在四川周有光与丁聪就是非常好的朋友。当时周有光自认为自己的观点中正，曾在家里说丁聪有点"左派幼稚病"，此话被孩子周晓平当面告诉了丁聪。"文革"后，周有光对儿子说，当年说丁聪"左派"，其实我才是真正的"左派幼稚病"。图为丁聪为周老夫妇所画的画像

华夏文化既有光环又有阴影，阴影有时盖过了光环。高声歌颂光环而不敢正视阴影是自己欺骗自己。正视阴影是争取进步的起点。

《周有光语言学论文集》，周有光著，商务印书馆，2004 年 12 月第 1 版

在大半个世纪中，周有光的研究不是学究式的，很少有学者系统地解读他在语文改革及现代化研究中的独特价值及思想成因。直到 20 世纪 90 年代，人们在阅读《百岁新稿》后发现，周有光在社会历史研究领域的看法不仅准确而且具有思想的前瞻性。

周有光的研究题材几乎都是高屋建瓴——涉及历史、宗教、政治，乃至人类终极关怀。文章言简意赅，对许多仍在探索中的重大问题提出了严肃的思考方向，他对人类发展中共同和共通的规律极感兴趣。他的文章有的放矢，却不乏理性、包容，充满对世界和人类的爱。但也难免在受到广泛的赞誉同时招来愤恨，甚至是谩骂。他乐于见到理性的、反对的意见，这是他一贯的做法。即使恶毒的中伤也不会影响他的情绪，他深知人类的理性思考才具有真正的力量。

这一时期周有光的家庭生活平静而丰富，从"文革"

结束到新的世纪，这是他漫长生命中前所未有的稳定的时期。（145 页及本页图）生活如清澈的山涧溪水一样缓缓流淌，时光的流逝静谧而安详。周有光和张允和每天的下午茶就有非同一般的情趣（147 页图，参见图 7-1，7-2）：

:: 给舅公"老哥"年轻时画的像（沈忱画）

> 我们上午下午都喝茶，有时喝清茶，有时喝英国红茶，有时喝咖啡。我喜欢喝咖啡，她喜欢喝好的青茶，"举杯齐眉"。我们的理论是，夫妇生活不仅要有爱，还要有敬。古代夫妇"举案齐眉"，我们今天没有案了，就"举杯齐眉"。
>
> 《周有光百岁口述》

:: 陈光中为张允和所画的画像，深受周有光喜爱

家庭聚会往往伴随着昆曲研习和往事趣谈。张允和的写作也同样妙趣丛生。在生活正常时期，她是家庭的中心，她好客，家里经常门庭若市。

2002 年 8 月 14 日，在度过自己 93 周岁生日后的第 20 天，张允和去世。周有光虽然对生死已经看得很淡漠，但妻子的离世还是他晚年承受的最大打击，他两次重病住院，再也没有回到他和张允和共同的房间居住。他开始在 9 平方米的小书房工作、睡觉。（参见图 7-3）

穿越世纪的光

他说:"我们结婚七十年,婚前交友八年,一共七十八年,我从来没有想到有一天两人中少一个人!她忽然离我而去,使我不知所措。后来我忽然想起,青年时候看到一位哲学家说:个体的死亡是动物进化的必要条件。我恍然大悟了,我已经九十八岁,活到一百岁也只有两年了,跟她同归灵山,为时不远,这是自然规律。这一想,我泰然了。"周有光从对人类的终极关怀中得到慰藉。此后他在欧阳中石及其女儿的帮助下,整理并出版了妻子的遗著《昆曲日记》,作为最好的纪念。

:: 夫妇学电脑

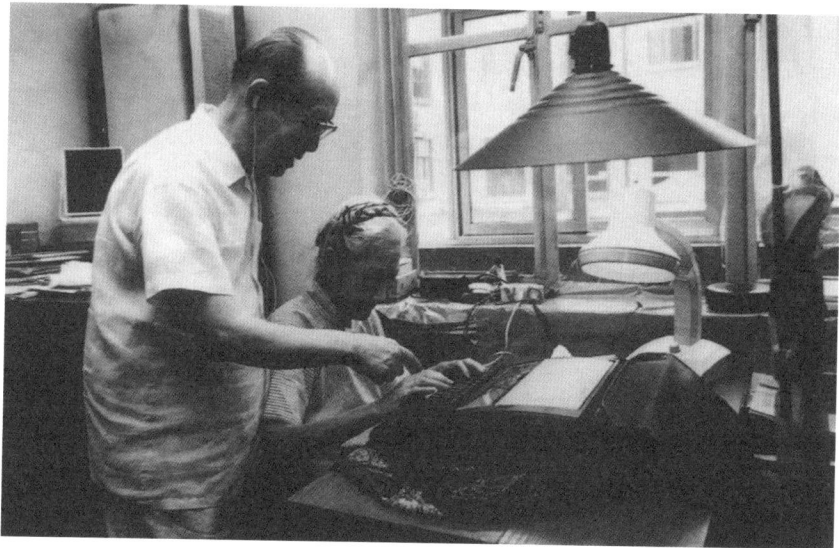

2003 年，著名的汉学家、张充和的丈夫傅汉思在美国去世。次年，张充和最后一次回国，在北京举办个人画展。张充和修养极高，充满传统意境的书法、绘画使得文化界大为惊喜。98 岁的周有光去现场祝贺画展的成功。这两个家庭中的同一代人，象征着一个被拉近的时代，这些风华绝代的人物离我们既近又远。（参见图 7-4）

2007 年的 10 月 31 日，深受周有光信任的苏培成精选、编辑的《周有光语文论集》，获得第五届吴玉章人文社会科学特等奖。此后，周有光逐渐成为几代人心目中光明、乐观、信心的象征。

2008 年，周有光在给旅居新西兰的女作家周素子（参见图 7-5）的著作《老家的回忆》所写的序中，抒发了自己对历史、国家、艺术及友人的感受：

> 处于二十世纪中期的中国知识分子，包括青年学子，无不经受严重的考验，经受精神与肉体的磨炼。一九五七年，素子这个大学未毕业生也不例外。
>
> ……
>
> 书称"老家"，实包含故园、故国之意。举凡家人父子，亲友故交，师长前辈，并向之所接的村民船户，卖浆者流，山川草木，无不在追忆之中。结念之深，给人以"归来"之感。前些年，我曾给素子伉俪的复信中说过："你们是尘世不容的仙侣，被中原的浊浪冲出人寰，遨游于茫茫神空，降落于海外仙岛，居然落地生根，蔚然成林。真是，天涯何处无桃园！"这几句话，今天有新的诠释：浊浪若非久长，大禹的子孙终能学治水，顺从世界的潮流，趋于完善。桑梓

穿越世纪的光

:: 周有光《朝闻道集》
（封面）

之地，人文渊薮，故园何尝非桃园，布帆无恙，
生命之舟犹能旋，海燕其归来乎？

选自周有光信件的摘录，未收入公开出版物

　　2010 年，周有光的晚近好友张森根将周有光社会
科学方面的重要文章整理后，结成《朝闻道集》出版（左
图），它成为周有光晚年作品中的代表作。2012 年出
版的《拾贝集》，补充了周有光近年来高度关注的文
化及社会史、思想史问题的研究心得，进一步引发了
社会的巨大反响。

　　2013 年 4 月，《周有光文集》15 卷出版（下图），
并在其家乡举办了"周有光与中国语文现代化学术研

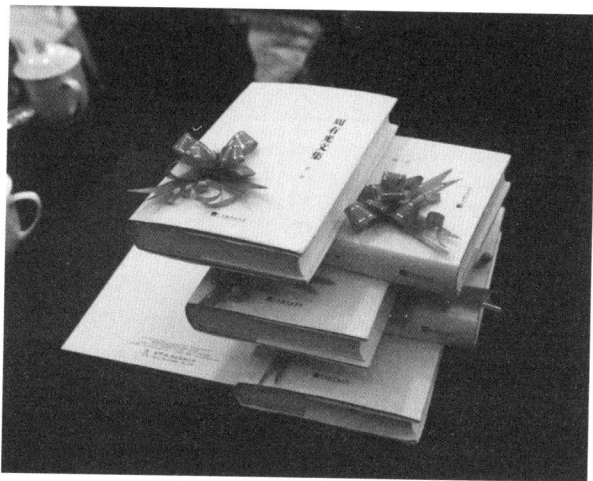
:: 2013 年出版的《周有光
文集》，共 15 卷

安常处顺

讨会"。这是出版社第一次集中出版周有光的作品，现在人们有可能完整、全面地了解他的学术思想。周有光原来并没有打算出一个比较全的"文集"，他很少意识到自己的地位和成就。但当叶芳（参见图 7-6）在时任中央编译局副局长俞可平（参见图 7-7）的坚定支持下，为他策划、出版了《周有光文集》的时候，他还是极为高兴。周有光说："叶芳做成了，这书我非常满意，苏培成写了前言，张森根写了后记，都非常好，我一生可以画句号了。"

:: 《从世界看中国》是周有光晚年对于历史、文化问题思考的集萃

2014 年年底和 2015 年年初，周有光《从世界看中国——周有光百岁文萃》（右上图）和《逝年如水——周有光百年口述》（右下图）在内地和香港先后出版。前者集中整理了周有光晚年思考历史、文化问题的重要学术随笔，后者主要是对其 1996 年录音文字的整理——在这部自述中，周有光谈到数百个有影响的历史人物，大部分与他有过交往。因精力的限制，周有光已经无法提供更多的补充材料，他只是淡淡地说，让别人来挑错。他说：

:: 《逝年如水》，一部可以从中窥见中国百年史的口述，记录了几百个曾经活跃于其中的历史人物

> 我向来不刻意说要讲真话，因为我从不讲假话。讲真话对我来说，不是一个问题。我不会说自己不相信的话，自己相信的话当

穿越世纪的光

然是真话。

与百岁人生相伴的，必然是阅尽人间生离死别。

2014 年 11 月 21 日，张家五弟张寰和在苏州逝世；7 个月后，2015 年 6 月 17 日，张家四妹张充和在美国去世。现在，即使是比周有光小一辈的亲友也难免步履蹒跚，他们比过去更珍惜彼此的思念，却只能天各一方。

2015 年 5 月 20 日这一天，周有光在协和医院住院，当他得知 106 岁的杨绛也住进了同一层病房时，他迫切地希望亲自去看望杨绛——之前，他们从未正式见面。杨绛同意后，他被保姆用轮椅推着进了杨绛住的病房，这是彼此心照不宣、相互默契的见面，他们说了同样的话："久闻大名！"一年后（2016 年 5 月 25 日），杨绛离世。

出了杨绛的病房后，周有光坐在轮椅上，久久凝视着病房外大街上流动的街景，仿佛陷入无尽沉思。当一个世纪都已如浮云掠过，周有光在想什么？

尽管对生死早已置之度外，但 2013 年开始，周有光的身体需要维持健康平衡，已比以往几年更为困难。2013 年、2014 年和 2015 年，周有光都不得不数次入院治疗。

2015 年 1 月，农历新年即将如常而至。1 月 13 日周有光生日前夕，其子周晓平（152 页右上图）刚做完一次手术后出院。接踵而至的贺寿者需要周晓平陪伴在父亲身边（152 页左上图）。这一年，周有光比以往几年更少与贺寿者直接对话。1 月 16 日，父亲生日过后，周晓平回到自己家里，19 日突感不适，入住附近医院，22 日凌晨不幸去世。这些年来，周晓平已成为父亲的朋

友、助手和倾听者。人们很难想象，没有他的存在，对周有光意味着什么。这几年一直与周有光保持密切往来的亲人都聚集在一起，试图降低这一打击的冲击。周有光的外甥女屠乐勤焦虑地来到周有光身边，陪他聊天（参见图7-8）。但谈话只要涉及个人隐私和情感话题，周有光总是说：不谈我自己，我们谈谈这个世界。

2月2日上午，沈从文的儿子沈龙朱和沈虎雏来到了周家，与周有光的外甥女屠乐勤、毛晓园及丈夫宋庆福一起将噩耗和盘托出。这是十分艰难的时刻，连保姆也无法控制悲伤，失声痛哭。周有光并非全无精神准备，但无言的痛苦还是深深地击中了他。他对周围的人说，他现在最需要的是安静和

▲ :: 2015 年在《逝年如水——周有光百年口述》研讨会上的周晓平

◀ :: 父子情深（庞旸摄于 2014 年 12 月 15 日）

穿越世纪的光

独处。（参见图 7-9）

　　这一年的除夕夜，周有光的晚辈毛晓园夫妇和沈虎雏、沈红父女像往年一样，陪周有光一起吃年夜饭，沈虎雏带来了亲手酿造的葡萄酒，那沁人心脾的玫瑰香味儿和亲情的感染，让大家的心情略略感到舒展。

　　令人难以置信的是，2015 年 5 月，在又一次因胃出血住院以后，周有光又回家了。他那团顽强的生命之火仍在令人鼓舞地继续燃烧。

7-1 ∷举杯齐眉既是相互敬
重,也是把生活过得更细腻、
柔和（张赛和摄）

7-2 ∷花前共读

穿越世纪的光

7-3 ∷往往是客人刚走，周有光就聚精会神地进入工作状态

7-4 :: 2004 年周有光与张充和最后一次在北京相聚

7-5 :: 1997 年，周素子与
周有光夫妇在周有光的住所

穿越世纪的光

7-6 ∷ 2015 年周有光生日前夕，叶芳来看望。周有光说，我对这个世界进行了认真思考

7-7 ∷ 俞可平在 2013 年 "周有光与中国语文现代化学术研讨会" 上发言，他称颂周有光是中国最有智慧的年长者

7 8 ∷ 得知晓平去世的噩耗，周有光的外甥女屠乐勤尽管也已体弱多病，还是很快赶到北京，试图安慰舅舅

7-9 ∷ 2015 年 2 月 2 日，这是一个悲伤的日子——没有人会预先想到，109 岁高龄的周有光还要承受儿子意外去世的打击。亲人们焦虑地来到他的家中，不得不将残酷的事实和盘托出

穿越世纪的光

至亲挚爱

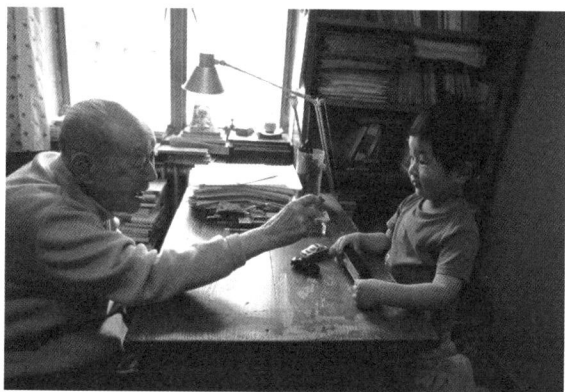

周有光是众多兄弟姐妹中唯一的健在者，他温和而有节制的性格，使他在兄弟姐妹和众多后人心目中，具有一种与众不同的气质和威望。（161页图，参见 8-1）

20 世纪 20 年代，在独自带着孩子们在苏州生活的艰难时期，周有光的母亲卖掉了房产，租房居住以节省开支，直到深夜还经常点着油灯帮别人做针线活儿。在母亲的影响下，姐姐们在很年轻的时候，就开始帮助母亲支撑家庭、扶持弟妹。三姐周慧兼（参见图 8-2，8-3，8-4）最早去上海教书，长周有光 7 岁的四姐周惠言，只身下南洋，创办了仰光华侨女子中学，在那儿做了 15 年校长。她在仰光大力提倡推广国语，成绩斐然。直至日本侵略南洋，她才回到祖国。很长时间里，终身未嫁的四姐周惠言、母亲徐雯长期与周有光夫妇住在一起，周有光对她们的敬重，让兄弟姐妹之间更懂得如何相互尊重和友爱。（参见图 8-5，8-6）

在最初出生的两个孩子夭折之后，三姐周慧兼成为周家第一个存活下来的孩子，她长周有光 9 岁，自小对弟弟关爱备至，姐弟俩感情笃厚。周慧兼的长外孙陈乃群说：外婆和舅公，不仅长相酷似，很多习性也十分相像，比如他们带常州味儿的普通话，他们睡觉之无规律，常在半夜起来写东西，甚至他们咳嗽和用手绢擦鼻子的动作都如出一辙。慧兼所嫁的屠家具有深厚的家学渊源，对周有光青少年时期可能影响至深。（参见图 8-7）1914 年，屠

三姐周慧兼　　　　四姐周惠言　　　　五姐周心闲　　　　周有光

八妹周浣熙　　　　九妹周俊人　　　　小妹周新月　　　　小弟周凤樵

∷成年以后的周有光兄弟姊妹

伯范17岁，随父到日本求学，几年后周慧兼也去日本学习艺术。屠伯范之父屠元博1902年就去过日本，并与孙中山有密切往来。周慧兼去日本后，不仅学习西洋艺术，同时也传播中国文化，她在日本演出《红楼梦》中的林黛玉时，年轻的田汉在一边担当拉幕的角色。

　　后来周有光去日本留学时，感兴趣的是以河上肇为首的日本左翼知识分子的思想，这可能与屠家多少有些关联。周家与屠家并不是一般意义上的联姻关系——也是师承关系——这段亲密的历史后来主要由周有光的外甥女、屠家的孙女屠乐勤兄妹等延续下来。抗战及内战时期，周慧兼因丈夫屠伯范工作忙碌，她带着四个孩子，不能经常与丈夫在一起，更多是与她母亲在同一地生活：苏州、合肥、重庆、香港等地，他们与周有光一家往来最密切。慧兼的大女儿屠乐勤说："入川三年，我们从重庆到宜宾，到合川，又到南溪，哪里安全，舅舅就把我们安顿在哪里。舅舅在重庆农本局的工作非常繁忙，他每天九点前把我们送进防空洞，自己坚守在工作岗位。他那时身体并不好，成天趴在桌旁写呀写，常常咳嗽，脸色凝重，我们怕他，也理解他，是担子太重了！每当他对我们微笑着问寒问暖，我们会格外受宠若惊。"直到今天，已经85岁的屠乐勤与她的表姐妹们回忆起周有光总是满怀敬意，很大程度上是因为他们见到的舅舅无论在哪里，总是工作居多，而且他对工作的要求永无止境。

:: 张晓光20岁时的照片。因为姐姐张马力是"右派"，他不得不去了新疆生产建设兵团。1961年农历大年初一晚上被关禁闭的张晓光自尽，时年23岁

　　1956年"反右"运动兴起时，周有光的五姐周心闲（163页图，参见图8-8）是周家受政治运动冲击最大的一个。周心闲的婚姻、丈夫与日本千丝万缕的关系、从香港回归的历史，都成为一根根无形的绳索，紧紧地勒住了一家人的命运：新中国成立初期政府和周围人对华侨、侨眷和知识分子的尊重消失了；出生在日本的女儿张马力则在1958年被当成大学生中的"右派"，离开上海，被流放到苏北农村；1958年，长子张晓光（右图）以优异的成绩高中毕业，却因政审未

　　　　穿越世纪的光

通过失去了上大学的机会，张晓光去新疆生产建设兵团后又遭厄运，1960年阴历年底，由于无法忍受检举他人的强求，他被禁闭在一间陋室之中，大年初一当晚拆开棉衣吞棉自尽，这一年张晓光才23岁。一直隐忍的周心闲得到消息几乎精神崩溃。1963年，同一年里，她早于母亲徐雯离世。所幸的是，周心闲在北京读书的次子张伟光得到了周有光一家的悉心照料，他们每周都给张伟光5元钱，帮助他完成学业。这段令人动容的历史，被记述在周有光晚年的回忆录中。

:: 周有光的姐姐周心闲受周有光对新政权的信心鼓励，1949年带着三个孩子从香港回到上海，这是周心闲与女儿张马力在香港的合影。此时，周心闲在香港教书

2014年，周晓平在《中国青年报》上发表文章，第一次详细地谈到他父亲："爸爸很重视传统文化，总说他是'厚今不薄古'，在家庭中他对我奶奶很孝顺，可是他说他不要我孝顺，要我'老吾老以及人之老'，要博爱。他说有了博爱之心，你对谁都会做得很好。如果他做父亲的不对，可以不'顺'。他说我也不会留给你什么遗产，我只留一点儿知识，希望你以后自学更多的知识，知识是最好的财富。"

家族的纽带在"文革"结束之后更为坚固了，虽然除了周有光，姐妹们都已先后离世，但后代——其

:: 2004年9月秋高气爽，后辈们聚集北京，提前为周有光庆祝百岁生日

中绝大部分是工程师——却有了更多的兴趣去了解他们高龄的长辈。过去他们都有一种印象，周有光不像别的长辈，会给他们糖果、点心或玩具作为日常生活中亲热的表示，他从不与他们谈论家庭琐事——哪怕是自己最喜爱、亲近的人，他总是在勤奋地阅读和写作，他和他们谈的都是国家大事、世界大事。随着对舅舅工作的了解，他们意识到，他为世界的进步活着，他不仅仅属于他们家族。（164页图）

20世纪90年代，周有光是一颗重新被发现的明亮学术"新星"，这让更多人了解了周有光的工作价值。这时，姊妹中唯一居住在北京的周有光九妹的女儿毛晓园和丈夫宋庆福，无形中成为周有光生活中不可或

∷ 2003年，在毛晓园夫妇和周晓平的陪同下，98岁的周有光来到北戴河泡海水

缺的助理：他们细心记录下周有光的精神和生活需要；
倾听周有光对世界大事的叙述和看法；在他能外出的
时候和他一起欣赏享受户外世界的精彩（165 页图，参
见图 8-9）；同时也向外界准确地转述周有光的思想，
协助周有光进行与外界的思想交流。毛晓园清楚地记
得，2004 年 12 月，周有光应邀去现代文学馆作比较
文字学科普讲座，开会前，人们推着坐在轮椅上的周
有光在现代文学馆转了一圈。大致参观之后，周有光
问：现代文学馆怎么能没有胡适？周有光很多次在文
章中提到：胡适是中国新文化运动的先驱，是中国白
话文的倡导者。那次讲座是如此轰动：自发来听课的
有好几百人，坐满了大礼堂。将近百岁的周有光侃侃
而谈一小时，答疑一个半小时，不用讲稿，即兴回答；
听众掌声不断，会后人们排起了长龙，希望与自己敬

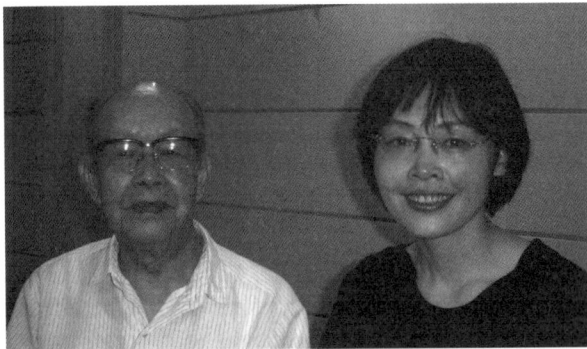

:: 周有光与沈红

穿越世纪的光

佩的老人周有光合影。（参见图 8-10，8-11，8-12）

在 110 岁后，周有光仍将自己有限的精力聚焦于世界的变化。他对后代的勉励更多的是人格的提升和眼界的开阔：每次毛晓园一跨进书房，周有光就会说，你来了，好，好。今天有两条重要新闻……或是说，你来了，坐，坐，今年有三件大事……于是，书房便成为讲台，谈古论今，国际国内，天地瞬间开阔：什么是比较文字学？中东局势为什么总是剑拔弩张？地处西部的宁夏应该如何开发经济？科学家为什么也会信上帝？世界文明古国希腊为什么跌落成欧盟最贫穷国？……别着急，它们都在周有光的脑中！（参见图 8-13，8-14）

在后辈中，周有光常常鼓励沈红（166 页图）的工作，她所从事的对中国贫困地区的长期研究，让周有光觉得很有兴趣，他们在一起总能说上很多话。他的重甥女婿沈忱是个画家，"文革"时期他的画作被"国人说是崇洋，洋人说是太土"。但周有光却对他说：这就很妙，是中国的抽象，西方的水墨。问题不在于是"中"是"洋"，问题在于"用"，你能中西结合，洋为中用，这就很妙！2014 年，周有光看到了重甥媳张茗的新作《〈旧制度与大革命〉导读》，很高兴，认真地写信给她提意见，并打电话给这本书的责任编辑，特意去买了 10 本书送人，那一年周有光已经 109 岁了。

至亲挚爱

8-1 ∷ 1931 年冬天，周有光、周慧兼、周俊人和毛廷襄夫妇及长外甥屠乐平，在苏州与周母合影

穿越世纪的光

▲ 8-2 ∷ 五四运动时期，周有光三姐周慧兼（右一）与北平女子师范大学的同学拍摄的这张照片可见当时的新式妇女的自信姿态，她们已经放弃小脚，大步地走向了社会

▶ 8-3 ∷ 与周有光关系密切的三个姐妹——九妹周俊人、三姐周慧兼和四姐周惠言在 20 世纪 70 年代的合影

8-4 ∷ 1953 年，周有光兄妹及他们的部分子女与周母徐雯（第二排居中）在上海合影

穿越世纪的光

8-5 ∷ 20 世
纪 50 年代初
三姐慧兼（左
一）、四姐惠
言（后排）
和周母徐雯
（右一）

8-6 ∷ 1976 年周有光与三姐在上海

8-7 ∷ 1940 年，周有光和三姐夫屠伯范、九妹夫毛廷襄合影。屠伯范和毛廷襄在当代中国香料界、生物化工界颇有建树。他们经常组织家庭沙龙，或探讨科学或针砭时事，对下一代言传身教

8-8 ∷ 1941 年，张马力与母亲及两个弟弟在上海合影

穿越世纪的光

8-9 ∷与自己家族里最年轻的新生代在一起，周有光如孩童一般快乐

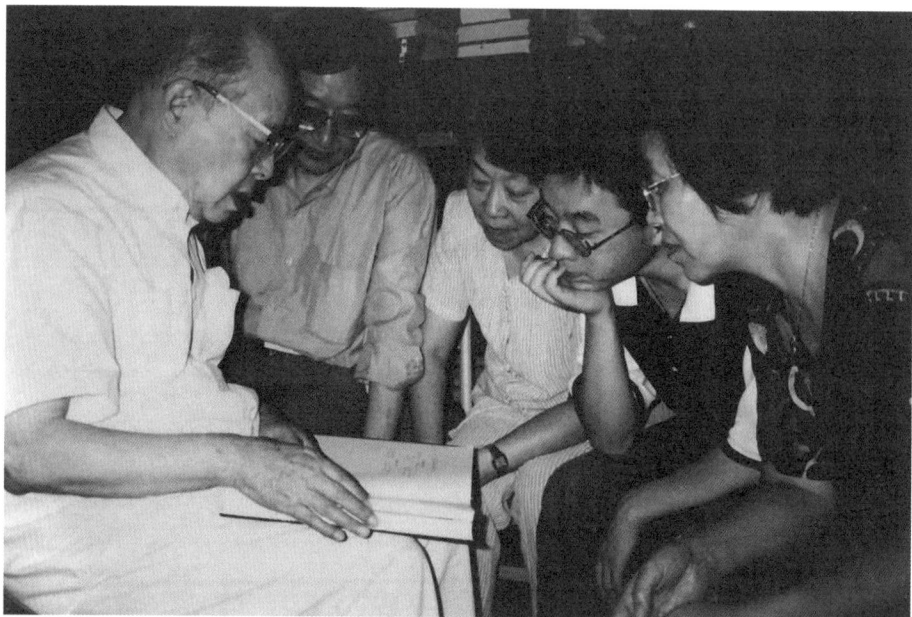

8-10 :: 1998 年周有光与不同年纪的后辈在一起，谈论共同关心的问题

8-11 ∷ 近年来，周有光家族中的屠乐勤夫妇、张马力姐弟、毛晓舫等，经常与周晓平一起参与各种社会活动，这使他们对周有光先生的理解不断加深

8-12 ∷ 2004 年 12 月 25 日，周有光在现代文学馆作讲座，现场听众反响热烈

至 亲 挚 爱

8-13 :: 2000 年张允和
五弟张寰和夫妇、周有
光外甥女屠式玫夫妇到
京探望

8-14 ::今天最重要的新
闻是什么？周有光和外
甥女毛晓园的谈话经常
这样开始

穿越世纪的光

君子之交

周有光与同时代人的交往故事，我们今天仍可以从他本人的文章中看到生动的描述，但是那一代人各自的独立性以及政治年代的封闭性，使得他们君子之交淡如水。

到了 20 世纪 90 年代，人们对周有光的热情迅速升温，这部分源于媒体对周有光思想的关注和传播，更因为周有光高龄以后还能持续保持思想的活力。另一方面，当那个时代德高望重、知识丰富的一代人陆续去世时，人们越来越意识到，周有光作为历史见证者的重要性。他的现代观点为他博得更多追随者、关注者，进而发展出新的友情，这是超越时代的友谊，在这种交往中，忧国忧民是其基本色调。此时，与他同一辈的学者和同事基本上都已远去。

担任过《中国日报》副总编辑和《群言》杂志总编的于友（右图）比周有光年轻 10 岁。20 世纪 80 年代在中国思想界最活跃的时期，周有光为《群言》杂志写文章，二人由此建立了一种特殊的友情。于友此后一直关注周有光思想的发展，他说周有光百岁以后

∷ 2013 年 5 月，《周有光文集》出版研讨会上，于友谈周有光

穿越世纪的光

:: 2009年，周有光登门拜访李锐

"不但是坐在小屋子里写文章，而且已经走出小屋子了，在主持一个启蒙大会"，"我愿意做他的志愿者"。（引自于友 2013 年在周有光庆生活动上的讲话）

1916 年出生的李锐（左图）和 1923 年出生的杜导正，都对历史具有严肃、认真的探索精神，并且都希望以自己的经历和知识来告诫人们，不要重蹈覆辙。周有光和他们的交谈总是那么坦率、热切，愈渐困难的会面带上了深深的珍重意味：他们对历史及后来者的殷切期望，贯穿在他们既有相通之处又各有精彩的人生阅历之中。

正是在《群言》杂志上，一位出版社的编辑庞旸（下图）被周有光关于"现代双文化"的著名论点所吸引，

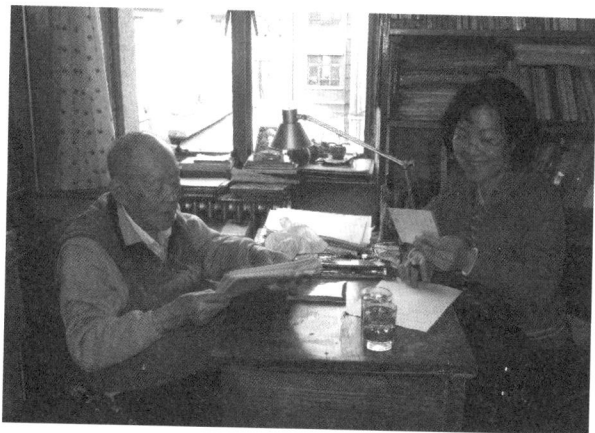

:: 周有光的"双文化论"影响很大，庞旸在《群言》杂志上专门作了介绍。2011年 2 月 19 日，庞旸将自己的文章给周有光看，得到了周有光的赞许

在自己的博客上写了一篇名为《周有光先生的"双文化论"》的文章，后来这篇博文被民盟中央刊物《群言》主编叶稚珊（右上图）发现，发表在《群言》杂志上，引起了一场关于中西文化影响的论战。著名作家邵燕祥（右下图）也在《文汇报》上发表《报周有光先生书》，回应此文。他说，您以平实的言语，讲了一个关系人类命运，当然也包括中国命运的大问题，深入浅出，举重若轻，"我为您的真知灼见折服"。

:: 叶稚珊，著名作家、编辑，代表作《张家旧事》等

邵燕祥后来还整体核校了《逝年如水——周有光百年口述》的原稿，他说："周有光先生以很平和的心态和语态，承受他自己对这个世界上下五千年和纵横千万里的认识，看一看周老这几年出的文章，我们可以把它全部叫作启蒙的教材，是如何认识当代世界、认识我们中国和世界未来这样的启蒙教材，是如何能够从神权、君权走向民权，如何从神学、玄学走向科学的启蒙教材。过去我们喜欢说这叫大手笔、小文章。"（引自2014年邵燕祥为周有光109岁庆生会所题献词）

:: 邵燕祥，当代诗人，1933年6月10日出生于北京一个职员家庭

何方与宋以敏夫妇认识周有光整整20年了（181页图），他们对全球化问题都很感兴趣。何方每一次在外交、现代史的研究上有新的体悟，总是打印成文章，带给周有光阅读。周有光很欣赏何方的独立研究中包含的学术和历史价值，他经常将何方的文章转给年轻

穿越世纪的光

朋友阅读。周有光认为，在党史和中国外交史方面，何方是具有真知灼见的严肃的研究者。

经济学家吴敬琏（参见图9-1）的母亲邓季惺出生于1907年，与张允和是好朋友，在重庆时她们交往很多。吴敬琏与周有光还是常州老乡，他敬重周有光，认为"周有光是当代知识分子的典范，我们应该向他学习，推动社会的进步"（引自吴敬琏在2013年周有光庆生会上的发言）。

美国史学者资中筠（参见图9-2）真正与周有光面对面交谈，已经是2013年了。她对周有光"双文化论"及"中西文化的相互作用、影响"的观点很感兴趣，同时她意识到周有光的人生经历对今日中国的重要性。她说："老先生一生的经历差不多浓缩了中国的二十

··何方夫妇于2013年3月15日登门拜访，何方执弟子礼问候周有光，周有光抱拳相迎。二人一位是15岁参加革命的老先生，一位是进过洋学堂的饱学之士。他们的话题从各自的经历、朝鲜战争和"文革"开始，一直谈到改革开放和五光十色的思想文化现象

世纪近代史。我们这个民族多灾多难，整个二十世纪内忧外患不断……周老先生……能幸存到今天，是他的幸运，更是我们民族之幸。"（引自2013年资中筠在周有光庆生活动上的发言）

20世纪60年代，苏培成（参见图9-3）在北大读书时，就认真聆听过周有光授课，毕业以后，苏培成长期从事语文现代化研究，是大学里罕见的对周有光的文字改革和语文现代化研究进行了持之以恒系统解读的学者。2016年出版的《语文书简》，记录了苏培成与周有光在语文现代化研究方面的深入探索，周有光晚年把他视为知己和学术助手。苏培成认为，周有光"'文革'前的《汉字改革概论》，是国内'五四'以来第一本从理论上讲清楚汉字改革的学术著作。'文革'后，他发表了《比较文字学初探》《世界文字发展史》等等，都具有很高的专业的学术水平。周老研究语言文字学，研究语言文字学的应用，他研究的核心是要促进中国语文的现代化，这与他整个的世界观和整个学术思想是密切相连的，他在这个方面确实作出了重要的贡献"（引自2014年苏培成在周有光庆生活动上的发言）。

冰心的女儿吴青（参见图9-4）认为："周有光实际上是一个世界的公民，他是一个人。……从他小的时候，他父母对他的教育，他从小接受过东方和西方的教育，他是把东西方最好的东西吸进来，然后再通过他的行为去体现。""他是一个使得中国和世界接轨的人，使得我们跟世界结合起来。""我一看见他，就好像看到了我自己的妈妈，是一个爱的象征，就是爱世界的人类，是一个真善美的象征。"（引自吴青于2013年5月在常州《周有光文集》出版研讨会上的发言）

现代史研究者杨继绳（参见图9-5）说："我是在他（周有光）百岁以

穿越世纪的光

∷ 2007年6月，周有光与张森根谈起了"林彪事件"后他在宁夏"五七"干校经历的"大雁粪雨"的故事，他娓娓道来，笑得像孩子一样。周有光得意地对张森根说：当年的大雁集体大便，成了干校战士"幸福的及时雨"，林彪死了，我们全体都奉命回家了

后才认识他的。我是《炎黄春秋》的编辑，有几次他给我寄来稿件并附亲笔信。信的字迹如竹根，如枯草，但清秀、有力，没有一点儿抖颤，不像百岁老人的手笔。最近几年，《炎黄春秋》春节联谊会，他也参加。记得是在2010年的春节联谊会上，他坐在轮椅上发言，声音高亢，引得整个会场的人都站了起来，大家踮起脚跟、伸长脖子，有的干脆挤到前面，举起了照相机。那次他发言的内容是，不仅要爱祖国，更要爱人类，爱地球。他说，如果只爱自己的国家，不顾人类的整体利益，那就会以邻为壑，甚至引发战争！他的话音刚落，立刻响起了热烈的掌声，这掌声持续好久。"（引自"爱思想"网站，2013年5月3日杨继绳的文章《周有光的眼光》）

退休以后在对周有光晚年作品充分研读后，中国社会科学院张森根（上图）于本世纪初编辑、出版了周有光晚期最重要的代表作《朝闻道集》。张森根发表文章指出：周有光在思想启蒙方面的一些主要贡献，可以归纳为"三论"，即科学的一元性、"双文化论"和关于社会发展阶段的"三分法"。

简单而言，科学的一元性是指周有光所说的，科学是世界性的、一元性的，没有东方、西方之分；"双文化论"是指目前各个国家都生活在地区传统文化和国际现代文化并存的双文化时代；文化流动不是忽东忽西，轮流坐庄，而是由高处流向低处，落后追赶先进。"三分法"提出，人类文化的发展步骤主要有三个方面：经济方面从农业化到工业化到信息化；政治方面从神权统治到君权统治到民权统治，就是从专制到民主；文化方面从神学思维到玄学思维到科学思维。发展有先后，殊途而同归。世界各国都在这同一条历史跑道上竞走，中国不是例外。张森根认为："周有光对世情和国情看得最透，他对中国需要走什么道路、需要采用怎样的制度文明和理论框架，了如指掌，最为自信；他对祖国的未来从来没有丝毫迷惘迟疑的观点，他是永远的乐天派。他十分阳光，又十分温文敦厚。他一身骨气，又有灵气。他一生清寂自守，燃烧自己，把全身的'正能量'无保留地贡献于社会。他看问题、处理事情从不带情绪，他是一位百分之百的理性主义者。"（引自张森根所作《周有光文集》后记）

作家陈光中（185页左上图）长期追踪周有光的足迹，采写和拍摄了大量已被广泛传播的有关周有光的作品和照片；他自费考察了周有光生活过的主要城市，搜集了许多宝贵的资料；澄清了一些周有光经历中的谜团，最终写出长篇传记《走读周有光》。它力求在追寻周有光百年人生轨迹的过程中，把一个人和一个家庭的命运投射在历史与社会的大背景下，探求一个中国知识分子思想演化的脉络。在对周有光作出评价时，有人说"周有光说的没什么新鲜东西，只是老生常谈而已"。陈光中认为，已过期颐之年的周有光，确是"老生"；他善于用寻常的语言阐明貌似寻常的道理，确是"常谈"。

▲ 陈光中曾经自费去探访周有光生活过的绝大多数城市，并为晚年周有光拍下了最著名的一些照片。2010年6月13日，陈光中向周有光核实一些细节

▶ 赵诚曾长时间访问周有光，对周有光有独到的解读

但在"说真话、不说假话"的基础上，周有光坚持讲事实，讲常识，讲逻辑；他提供给人们的，是一种认识世界的正确方式。周有光一直很喜爱陈光中为张允和所画的那幅素描，称其有蒙娜丽莎式的微笑。他对陈光中说："张允和在天之灵会感谢您！"。

另一位对周有光进行了长期深入研究的学者赵诚（右上图）说："周有光对中国百年的历史是一个活的见证，他的诚实、智慧和学贯中西的学识……他的所思所悟，是中国最应珍视宝贵的经验，是中国文化的瑰宝。"他对周有光的一生有细致、全面、透彻的理解和表述，他已经发表的关于周有光的研究及评论，被周晓平认为是"对父亲一生最全面和深切的理解和把握"（引自赵诚新浪博客文章）。

学者丁东（参见图9-6）说："周有光年轻时参与过'七君子'的救亡活动，到晚年一直保持着现代公民的社会关怀和知识分子的批判精神。他前半生从事经济学研究和国际金融实务，中年以后转攻语言文字学，从比较文字学入手考察了人类诸文明的源流和兴衰。他去过许多国家讲学、交流，古今中外都在他的视野之中，这样宽广的知识背景，这样悠长的人生阅历，确实无人能够和他相比。从某种意义上说，他的知识结构，比晚他一辈到两辈的知识分子更新，更具时代感。"（引自 2015 年丁东在周有光庆生会上的发言）

　　远在美国但一直关注中国现代化进程的余英时（参见图 9-7），与同在美国任教的张充和是亲密好友。他了解周有光近年的工作，对周有光的评价非常之恳切："有光先生受到了最完整的从传统到现代的过渡教育。他在常州中学一方面获得扎实的中国古典训练，另一方面又直接读英文本的世界史和自然科学，两年圣约翰大学则使他受到西方自由教育的熏陶，学会了自学，学会了独立思考。早在大学时代，他已建立了一个坚固的信念，致力于中国的现代化。"周有光先生"在中学时代接受了'五四'的洗礼，完全认同民主和科学，但他是追求'现代'而不鄙弃'传统'"，是"真正从传统成功过渡到现代的知识人"。（引自余英时为《周有光百岁口述》所作序言）

　　声誉卓著的学者许倬云（参见图 9-8）在周有光 109 岁生日时给予的评价是"坚固正直，好是懿德，博厚高明，俾驻大年"（引自 2014 年庆祝周有光 109 岁生日时许倬云的贺词）。

　　上海著名学者、研究中国近代思想史的专家许纪霖（参见图 9-9）在 2016 年庆祝周有光生日时说："我想他首先是一个民族主义者，但不是一个一般意义上的民族主义者，不像今天一讲到所谓的'民族主义者'总是和封闭、排外、独大、'脑残'联系在一起。像周老这样的一代民族主义者、爱国主义者，实际上和 1919 年五四运动的这批中国的知识分子一样，我把他们称为具有世界主义情怀的爱国主义者。他们心目当中的国，是走向世界和文明的国，而不是一个自我封闭的、与世界隔绝的国。周老和他所代表的那一代人，实际上就是'五四之子'，'五四'精神所熏陶培养出的这一代人。这一点周老一百多年过去没有变化，他既是一个爱国主义者，又是一个世界主义者。"（引自许纪霖 2016 年为周有光生日所写贺词）

著名评论家、新闻传播学教授沈敏特（参见图 9-10）说过："如果研究和传播鲁迅的文化精神已成为一门专门的学问，一个专门的文化项目，那么周有光先生的文化成果则完全具备同等的资质。当然，由于他们所处的时代不同，面对的政治、经济、文化的具体问题不同，周有光与鲁迅作为他们所处时代的启蒙的代表人物，两者又有各自的不可替代性：鲁迅的文化精神没有过时，具有很高的借鉴的价值；而周有光则和我们同处一个时代，怎样观察，怎样解析，怎样选择，他所提供的启示更直接、更现实，他和我们同行在寻找改革开放根本规律的洪流之中。"沈敏特还写道："我们不能不悲哀地看到这两位周先生有一个共同的命运，即面对着巨大的文化落差：一方面，他们的思想深刻性、科学性、系统性，已达到无愧为杰出的启蒙思想家的境界，另一方面，他们远没能看到中国现代思想启蒙任务的初步完成。"（引自沈敏特新浪博客文章）

2015 年以后，越来越多的寂静时光伴随着周有光的生活，他已不再适宜经常会客。他的晚年朋友蒋彦永大夫（参见图 9-11）一直怀着敬意和自觉的责任感，密切关注着周有光的健康状态，为他建立了完整的医学记录，提供日常的健康咨询和服务。他尽可能录制了更多的影像资料，将周有光和他的朋友们永远留在了人们的视线中。他还希望周有光的健康能创造生命的奇迹——这不仅仅是一个医学专家的热切期望。

连续数年，财经报著名记者马国川（参见图 9-12）都在为周有光张罗举办每年的庆生暨研讨会，他在 2015 年的庆生会上说："周老这一生，从晚清到民国，再到现在的共和国，经历了三个时代，这三个时代正是中国历史大转型的时代，从传统到现代，从蒙昧到启蒙，周老给我们知识分子树立了一个光辉的榜样，告诉我们知识分子在一个大转型时代如何安身立命，如何立事做人。我们今天开这个会，就是为学习周有光先生的精神，也庆祝他 110 岁的生日。"

虽然喧闹声正在远去，但周有光仍然欢迎来自他家乡的朋友，当他熟悉的家乡好友王成斌、张跃、姚晓东、王荣泰、李梅香等人带来家乡的佳肴时，总能唤起周有光对家乡，及童年和少年生活美好的记忆。（参见图 9-13, 9-14, 9-15）越到晚年，他普通话中的乡音也更为浓重。周有光对家乡人赞叹高铁的速度，但令他感到遗憾的是，他不能亲自坐一次高铁回到家乡，再亲眼看一下自己念念不忘的青果巷、那幢白墙青瓦的故居和那条还在汩汩流淌的运河……自 1985 年周有光最后一次回常州以后，又 30 年过去了。

即便如此，周有光的心里装着的不仅是家乡和中国，更是整个世界。2015 年 11 月 13 日巴黎再次发生的恐怖袭击使他十分震惊，周有光请保姆打电话给亲密的朋友，要和他们聊聊这个世界新近发生的大事；当他总结自己漫长的思索和工作时说，我是认真思考了这个世界的。

2016 年的周有光生日时，喜爱他的人在北京、在上海再次聚集在一起，热爱他的人说，周有光为中国而生，也为世界而生。（参见图 9-16，9-17）

9-1 ::: 著名学者吴敬琏称赞周有光是当代知识分子的典范

9-2 ::: 著名学者资中筠认为，周有光的人生经历对今日中国具有特别的价值

9-3 ::: 2014年《逝年如水》新书发布暨周有光思想研讨会上，苏培成介绍周有光语文现代化的思想

9-4 ::: 吴青认为，周有光和她母亲冰心一样，是最有爱的人

9-5 ::: 著名学者杨继绳致力于研究中国现代史

9-6 ::: 著名学者丁东认为，周有光具有知识分子应有的批判精神

9-7 ::: 著名学者余英时说，周有光是真正从传统成功过渡到现代的知识人

9-8 ∷∷ 出生于无锡的许倬云教授也是
周有光晚年结识的好友

9-9 ∷∷ 历史学家许纪霖非常赞赏周有
光的「世界主义」

9-10 ∷∷ 传播学教授沈敏特近年来也一
直在关注周有光晚年的思想

9-11 ∷∷ 《逝年如水》新书发布暨周有
光思想研讨会上，蒋彦永介绍周有光
的健康状况

9-12 ∷∷ 近年来，马国川在每年的周有
光生日时都会主持庆生暨研讨会，他
为周有光看待世界的方式所吸引

9-13 :: 2016 年初，家乡朋友王成斌、张跃赴京看望周有光

9-14 :: 2016 年 1 月 7 日，常州的同乡、朋友阎立、张跃专程赴京看望周有光，向他致以家乡人民的深情祝福。看到家乡来人，周有光非常高兴，他谦虚而风趣地说，111 岁等于 1 岁，一事无成，很可惜的 111 岁。实在没有多少话讲，要少讲空话

9-15 :: 2013 年 1 月 6 日，常州来了方国强、张跃、赵忠和、陈建共等朋友，他们向周有光赠送乱针绣作品，祝贺他 108 岁生日快乐（李梅香摄）

君 子 之 交

9-16 :: 2006 年 5 月，章诒和来看望周有光

9-17 :: 2013 年 10 月 14 日，周有光与戴晴对谈

9-18 :: 2012 年 1 月 10 日，周有光在书房与王荣泰交谈。王是中国剪报社董事长，也是周有光最亲近的常州老乡之一，他和他的员工都无微不至地关心周有光的日常生活

穿越世纪的光

生如春花

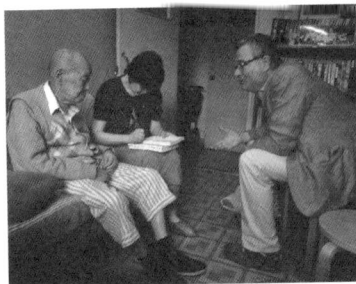

:: 2016 年 6 月，瑞典语言学家阎幽馨拜访周有光，请教汉语拼音方案的一些历史问题

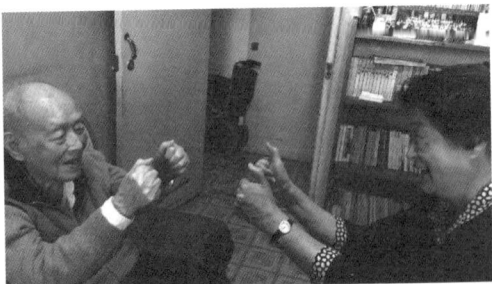

:: 2016 年 10 月，中科院院士胡启恒到周宅代转互联网之父 Vint 的致意。当 Vint 搜索汉语拼音是谁搞的，得到的回答是周有光。Vint 很兴奋，想见周老，胡启恒来转告了这个消息。周有光说非常高兴，欢迎他来

如何度过完整和有意义的人生，对周有光来说具有终极挑战意义。现在他必须面对一个同代人乃至小一辈的人离去的世界，他还面临着终将转向内心世界的那一刻。

毫无疑问的是，周有光为之努力的更好的世界并不会很快自动到来，他相信世界发展有共同规律，他相信人性的力量，所以他告诫人们要努力，要耐心。

无法确定是不是有更多的人理解了他的思想，但人们敬佩周有光一生的努力，为他预言式的警示所激励，他的追随者越来越多了，对他的思想的传播也越出了国界。

今天，周有光与他两个忠心耿耿的保姆居住在一起，他称之为一个独立的"小家庭"。因为她们的忠诚，周有光在其他人面前不可能表露的痛苦、悲欢才偶尔有所流露。他还在试图让自己快乐起来，他还在精神状态许可的时候，教她们一些文化常识，和她们拉钩，承诺在有生之年相互帮助。

穿越世纪的光

编　后
者　记

　　在周有光晚年，我们常常有幸倾听他对世界的看法，渐渐地，他的话语越来越简短和浓缩，他的日常生活变得更为朴素和简单，生命的意义已经在周有光先生长达一个世纪的学习、思索和工作中向世人彰显。

　　我们看到周有光身体上的一些变化，我们也看到他专注的眼光中凝聚的爱和希望。张森根便萌发了为其作一部画传的想法，并且获得了周有光本人及其哲嗣周晓平的首肯与授权。经过认真的讨论，由陈光中确定画传的基本写作脉络，毛晓园主要提供家族中新发现或已有的资料和照片，张森根整体把关，叶芳执笔撰写文字稿。

　　开始写作才知道这是一项几乎无法完成的工作，这不仅是因为我们与周有光的交往仅仅开始于他百岁以后；更重要的是，我们将面对的是百年沉重的历史。我们想要了解的、与周有光共度大部分岁月的人都已经作古；我们所掌握的、可以佐证周有光丰富的人生经历的参考资料极其有限。因此，不得不更多倚重周有光晚年发表的《逝年如水——周有光百年口述》，从中获得更多的线索，并试图从历史的演变和曲折过程中去写作，甚至也是推测、评价周有光。但我们深知，书中写到的人与事也仅仅是周有光一生中的吉光片羽，许多与周有光有密切交集的人物、故事、事件并没有出现在这部画传中，这也使我们感到巨大的遗憾和歉意。

在这部画传的写作过程中，我们不仅听取也参考了苏培成、赵诚等熟悉周有光的专家们的意见和建议，他们还亲自修订了最初的稿件，审核了照片内容。这期间，画传中提到和没有提到的许多人，都无私地提供了他们最直接的帮助和支持。常州市委统战部李梅香、常州市图书馆侯涤及其他一些常州人士，提供了很多珍贵的照片及史料。尽管如此，当画传文字稿和图片收集接近完成时，我们依然感到难以充分表达初衷，一些照片不得不从网上进行收集，并且在短时间内无法确定或联系到版权所有者；一些故事的细节仍不完整或尚待进一步求证。因此，此书不仅表达我们对周有光卓越一生的仰慕，也是我们对以周有光为代表的杰出的一代人甚至是几代人致以崇高敬意的一种方式。

我们期待，《穿越世纪的光——周有光画传》出版后，有更多机会听取熟识周有光的人的意见，或许将有更多机会得到来源更为广泛、更有历史和现实价值的资讯、资料，以便在时机合适的情况下对画传进行补充、完善。

我们还希望，这部画传能够抛砖引玉，引发更多人对以周有光为代表的中国最优秀的知识分子的心路历程、中国充满忧患的近代历史及自身的经历产生更多的兴趣乃至反省。我们认为，今天的中国如果没有周有光这样的杰出知识分子的引导，没有他们的榜样和先驱作用，我们的近代历史将黯然无光。

《周有光画传》编委会

（叶芳 执笔）

2016 年 12 月

鸣

谢

　　这本画传得以问世，首先得益于各界对周有光先生的关注和热爱。这种感情传达出一种共同的意愿，就是要将周有光先生的故事以及这些故事背后的历史，以一种便于读者理解的方式清晰地表达出来，尽管要达到这一目标并非易事。

　　影响中国历史发展的诸多常州名人中，周有光是代表人物之一。传承和播扬周有光的学问与精神财富，是当下文化大发展的紧迫任务。这种共识来自许多熟识或逐渐了解周有光的学者、读者。我们要感谢他们及周有光家族的许多成员，也要感谢为这部书稿提供了相关资料的个人及机构。由于各种原因，我们无法全部采用他们提供的资源和照片；同时，我们对在早年与周有光有深入交往的人与事的了解又极其有限，为此，我们不得不经常求助于互联网的资源。

　　同时感谢所有知名和不知名的朋友、读者，他们对画传的完成所起的作用，并非我们简单的致辞可以概括。我们在本书出版之前，曾尽力征询了与本书有关的人士的意见，并获得了绝大多数与此相关的出版授权。我们希望在此书出版以后，如果涉及某些照片的使用权问题尚未解决，请这些机构或权益

所有者及时与我们联系，以便我们尽早解决可能产生的一些版权问题，并致
以深切的谢意。

我们清楚地知道，尽管以下的致谢名单很长，但仍不能概括全部。他们是：

常州周有光基金管理委员会　　　　　　张金华

常州大学　　　　　　　　　　　　　　崔兵兵、马玉艳夫妇

常州同心文化交流促进中心　　　　　　谈江、彭晓东夫妇

中国剪报社　　　　　　　　　　　　　施松梅

常州大学周有光语言文化学院　　　　　丁明胜

常州图书馆　　　　　　　　　　　　　沈鹰

王荣泰　　　　　　　　　　　　　　　人民网

常州周氏报本堂　　　　　　　　　　　Liberation School

上海圣约翰大学北京校友会　　　　　　新浪网

何方、宋以敏夫妇　　　　　　　　　　网易新闻《看客》

徐汝芳　　　　　　　　　　　　　　　搜狐文化频道

美国美中投资基金有限公司　徐昌东　　万国报馆

上海帕兰朵纺织科技发展有限公司　方国平　　苏州新世纪金帆企业管理有限公司　高焱俐

国际基础华文研究院（香港）　熊怀苑　　鸿韬环境工程（苏州）有限公司　刘锋涛

《周有光画传》编委会

2016 年 12 月 3 日

穿越世纪的光

〔常州周家世系简表〕

润之公

逢吉公

周葆贻 (1866-1938) —— 张氏

徐雯 (1868-1964)

- 长女（早夭）
- 次女（早夭）
- 三女 周慧兼 (1897-1984) — 夫 屠伯范 (1897-1967)；续 蔡玉文 (1913-1994)
  - 屠乐平 (1929-2014)
  - 屠乐勤（女）
  - 屠乐新
  - 屠武玫（女）
  - 屠武畦
- 四女 周惠言 (1898-1987)
- 五女 周心閑 (1900-1963) — 夫 张良平 (1913-)
  - 张马力（女）
  - 张晓光 (1937-1961)
  - 张伟光
- 长子 周有光 (1906-) — 妻 张允和 (1900-2002)
  - 子 周晓平 (1934-2015) — 妻 何诗秀 (1934-)
  - 女 周小禾 (1935-1941)
- 六女（早夭）
- 七女（早夭）
- 八女 周浣熙 (1911-1982) — 夫 陈剑东 (1900-1975)
  - 陈晓曼（女）
  - 陈小曼（女）
- 九女 周俊人 (?-2007) — 夫 毛廷馕 (1904-1989)
  - 毛晓帆（女）
  - 毛子迈
  - 毛晓园（女）
  - 毛子忠
  - 毛晓昉（女）
  - 毛子远
  - 毛子逸
- 十女 周新月 (1916-1992) — 夫 卞竣德 (1911-1997)
  - 卞一周
  - 卞苑（女）
  - 卞靖
  - 卞曙（女）
  - 卞宇
  - 卞苗
  - 卞健
- 次子 周凤楼 (1919-2003) — 妻 刘灼云 (1920-)
  - 刘一周
  - 周润
  - 周阿（女）
  - 周泽（女）
  - 周渖（女）
- 三子 周云樵 (1927-1958) — 妻 刘香娣 (1935-)
  - 张岳欣 (1953-)
  - 张建平 (1955-)

［周有光年表简编］

此"周有光年表简编"根据陈光中先生提供的年表补充而成。

- 1906年1月13日（农历乙巳年十二月十九日），生于江苏常州青果巷，曾用名周耀、周耀平，行六。
- 1912年，6岁（按周岁计，下同）。入育志小学。
- 1918年，12岁。小学毕业，去镇江中学读初中，因年龄小不适应，不到一年回到常州读书。同年，母亲率周有光等五个子女迁往苏州居住。先后住过十梓街、阔家头巷、孝义坊、凤凰街等处。
- 1919年，13岁。进常州中学。
- 1923年，17岁。在常州中学毕业，同年入上海圣约翰大学主修经济学，辅修语言学。
- 1925年，19岁。因"五卅惨案"，为抗议校方干涉学潮，退出圣约翰大学，改入光华大学继续学习。
- 1927年，21岁。在光华大学毕业，获文学士学位。先后在光华大学附中及光华大学教书。
- 1929年，23岁。随孟宪承去无锡的江苏省立民众教育学院工作。
- 1930年，24岁。随孟宪承去杭州的浙江省立民众教育实验学校工作。
- 1933年，27岁。4月30日，与张允和在上海八仙桥青年会结婚。10月，

穿越世纪的光

与张允和去日本，考入京都帝国大学（今京都大学），专读日文。

- 1934 年，28 岁。张允和回国，于 4 月 30 日生长子周小平（周晓平）。

- 1935 年，29 岁。从日本回国，一面在光华大学教书，一面在江苏银行任职。同年，由章乃器提议，加入救国会。同年，张允和生女周小禾（周小和）。

- 1937 年，31 岁。"八一三"事变后，全家逃难到四川。同年，应章乃器所邀，任工业经济研究所副所长，后去职。

- 1938 年，32 岁。任经济部农本局的重庆办事处副主任。

- 1941 年，35 岁。7 月，女儿周小禾因病夭折，时年六岁。同年，离开农本局到新华银行工作。

- 1942 年，36 岁。受基督教洗礼。

- 1943 年，37 岁。1 月，儿子周晓平在成都寓所内中流弹，经手术后获救。同年秋，调西安工作，携家人同往。

- 1944 年，38 岁。因形势影响而率全家撤回四川。

- 1946 年，40 岁。回到上海，同年 12 月，被新华银行派往美国工作。业余从事语言文字研究。

- 1947—1949 年，与张允和乘"伊丽莎白王后"号豪华游轮到达英国，先后游览法国、意大利等地，后乘飞机返回香港。

- 1949 年，43 岁。避居香港，由章乃器介绍加入民主建国会。6 月，乘"盛京轮"回到上海，任新华银行秘书长，兼人民银行华东区私营业务处第一副处长；在复旦大学经济研究所及上海财经学院任教，讲授经济学。业余从事语言文字研究。

- 1951 年，45 岁。任中国文字改革研究委员会委员。

- 1952 年，46 岁。因高校院系调整，14 个大学的经济系合并至上海财经学院，在该校任教授，兼研究处主任。

- 1955 年，49 岁。任汉语拼音方案委员会委员。10 月，到北京参加文字改革会议，正式进入中国文字改革委员会工作，任第一研究室（拼音化研究室）主任。

- 1956 年，50 岁。4 月，全家迁往北京。

- 1958 年，52 岁。参与起草的《汉语拼音方案》完成。

- 1965 年，59 岁。1 月，任第四届全国政协委员。

- 1966 年，60 岁。"文化大革命"爆发，受到冲击。

- 1969 年，63 岁。11 月，下放宁夏平罗西大滩"国务院直属口平罗五七干校"。

- 1972 年，66 岁。夏，回到北京。

- 1976 年，70 岁。逐步恢复工作。

- 1978 年，72 岁。任第五届全国政协委员。

- 1980 年，74 岁。参加翻译《不列颠百科全书》，担任《简明不列颠百科全书》（中文版）中美联合编审委员会中方三编审之一。

- 1983 年，77 岁。任第六届全国政协委员。

- 1988 年，82 岁。12 月 31 日离休，但仍继续工作。

- 1991 年，85 岁。正式离开工作岗位。

- 1997 年，91 岁。《世界文字发展史》出版，后列入"中国文库"。

- 2002 年，96 岁。8 月 14 日，张允和去世，享年 93 岁。

- 2005 年，99 岁。《百岁新稿》出版。

- 2006 年，100 岁。《见闻随笔》《语言文字学的新探索》等出版。

- 2007 年，101 岁。《汉语拼音 文化津梁》出版。10 月，《周有光语文论集》获第五届吴玉章人文社会科学奖特等奖。

- 2009 年，103 岁。《中国语文的时代演进》等著作再版。

- 2010 年，104 岁。《拾贝集》《孔子教拼音：语文通论》由香港天地图书公司出版。同年，《朝闻道集》出版。12 月，被评为"中华文化人物"。

- 2011 年，105 岁。《拾贝集》在内地出版；《文化学丛谈》出版。

- 2012 年，106 岁，《静思录——周有光自选集》在人民文学出版社出版。

- 2013 年，107 岁。《周有光文集》（全十五卷）由中央编译出版社出版。

- 2014 年，108 岁。《从世界看中国——周有光百岁文萃》(上下册)由生活·读书·新知三联书店出版。

- 2015 年，109 岁。1 月 22 日，哲嗣周晓平去世，享年 82 岁。《逝年如水——周有光百年口述》由浙江大学出版社出版；并由香港中文大学出版社推出繁体版。

- 2016 年，110 岁。《岁岁年年有光——周有光谈话集》由天津人民出版社出版，《常识》由北京出版社出版。

［周有光主要著作一览］

- 1.《中国拼音文字研究》，东方书店 1952 年 5 月版；上海东方书店 1952
  年 6 月版；上海东方书店 1952 年 10 月版；东方书店 1953 年 4 月版。

- 2.《字母的故事》，东方书店 1954 年 11 月版；上海教育出版社 1958 年
  7 月版；"周有光语文丛谈"，人民文学出版社 2009 年 10 月版。

- 3.《普通话常识》，周有光等六人合著，文字改革出版社 1957 年 8 月版。

- 4.《拼音字母基础知识》，文字改革出版社 1959 年 2 月版。

- 5.《汉字改革概论》，北京大学课本；文字改革出版社 1961 年 11 月第 1 版；
  文字改革出版社 1964 年 9 月第 2 版；文字改革出版社 1979 年 10 月第 3
  版；香港尔雅出版社 1978 年版；日本"罗马字社"1985 年日文版，译者
  橘田广国。

- 6.《电报拼音化》，文字改革出版社 1965 年 1 月版。

- 7.《汉语手指字母论集》，周有光等著，文字改革出版社 1965 年 1 月版。

- 8.《拼音化问题》，文字改革出版社 1980 年 3 月版。

- 9.《汉字声旁读音便查》，吉林人民出版社 1980 年 12 月版。

- 10.《语文风云》，文字改革出版社 1980 年 8 月版。

- 11.《中国语文的现代化》，上海教育出版社 1986 年 5 月版。

穿越世纪的光

- 12.《世界字母简史》，上海教育出版社 1990 年 7 月版。

- 13.《新语文的建设》，语文出版社 1992 年 3 月版。

- 14.《中国语文纵横谈》，人民教育出版社 1992 年 11 月版。

- 15.《汉语拼音方案基础知识》，语文出版社 1993 年 9 月版；语文出版社 1995 年 6 月版；香港三联书店 1997、1998、2000 年版。

- 16.《语文闲谈》（初编上、下），生活·读书·新知三联书店 1995 年 5 月版。《语文闲谈》（初编、二编、三编），生活·读书·新知三联书店 2012 年 7 月再版。

- 17.《文化畅想曲》，中国青年出版社 1997 年 7 月版。

- 18.《世界文字发展史》，上海教育出版社 1997 年 4 月版；"世纪文库"，上海教育出版社 2003 年 11 月版，上海教育出版社 2011 年 7 月版。

- 19.《中国语文的时代演进》（中英文），周有光著，张立青译，湖北教育出版社 2013 年 1 月版。

- 20.《比较文字学初探》，语文出版社 1998 年 11 月版。

- 21.《新时代的新语文》，生活·读书·新知三联书店 1999 年 1 月版。

- 22.《人类文字浅说》，"百种语文小丛书"，语文出版社 2000 年 7 月版；"周有光语文丛谈"，人民文学出版社 2009 年 10 月版。

- 23.《现代文化的冲击波》，生活·读书·新知三联书店 2000 年 9 月版。

- 24.《21 世纪的华语和华文：周有光耄耋文存》，生活·读书·新知三联书店 2002 年 7 月版；《周有光语言学论文集》，商务印书馆 2004 年 12 月版。

- 25.《百岁新稿》，生活·读书·新知三联书店 2005 年 1 月版；《百岁新稿》（修订版），生活·读书·新知三联书店 2014 年 1 月再版。

- 26.《见闻随笔》，新世界出版社 2006 年 1 月版。

- 27.《语言文字学的新探索》，语文出版社 2006 年 11 月版。

- 28.《汉语拼音文化津梁》，生活·读书·新知三联书店 2007 年 9 月版；
  《周有光百岁口述》，周有光口述，李怀宇撰写，广西师范大学出版社
  2008 年 5 月版。

- 29.《朝闻道集》，世界图书出版公司 2010 年 3 月版，2014 年 3 月再版；
  香港天地图书有限公司 2011 年 12 月版。

- 30.《拾贝集》2012 年获第七届中国国家图书馆"文津图书奖"。香港天
  地图书有限公司 2010 年 1 月版； 世界图书出版公司 2011 年 3 月版。

- 31.《文化学丛谈》，语文出版社 2011 年 1 月版。

- 32.《孔子教拼音：语文通论》，香港天地图书有限公司 2010 年 9 月版；
  世界图书出版公司 2011 年 7 月版。

- 33.《静思录：周有光 106 岁自选集》，人民文学出版社 2012 年 1 月版。

- 34.《晚年所思》，江苏文艺出版社 2012 年 6 月版。

- 35.《百岁忆往》，周有光口述，张建安采写，生活·读书·新知三联书店
  2012 年 11 月版。

- 36.《周有光文集》（十五卷），中央编译出版社 2013 年 5 月版。

- 37.《晚年所思 2》，江苏文艺出版社 2013 年 8 月版。

- 38.《我的人生故事：周有光著作精选》，当代中国出版社 2013 年 10 月版；
  香港中和出版有限公司 2014 年 4 月版。

- 39.《学思集》（周有光文化论稿修订本），上海教育出版社 2013 年 12
  月再版。

- 40.《百岁所思》，周有光著，庞旸编，百花文艺出版社 2014 年 1 月版。

- 41.《逝年如水——周有光百岁自述》，周有光口述，浙江大学出版社2014年12月版。2016年获第十一届中国国家图书馆"文津图书奖"。
- 42.《从世界看中国——周有光百岁文萃》，周有光著，张森根　向珂编，生活·读书·新知三联书店2015年1月版。
- 43.《常识》，周有光著，叶芳编，北京出版社2016年7月版。

图书在版编目（CIP）数据

穿越世纪的光：周有光画传/《周有光画传》编委

会编著 . -- 北京 : 生活·读书·新知三联书店 , 2017.1

   ISBN 978-7-108-05869-0

   Ⅰ . ①穿… Ⅱ . ①周… Ⅲ . ①周有光—传记—画册

Ⅳ . ① K825.5-64

   中国版本图书馆 CIP 数据核字 (2016) 第 308447 号

责任编辑　李静韬

装帧设计　朴　实　张　红

责任印制　徐　方

出版发行　**生活·讀書·新知 三联书店**

      （北京市东城区美术馆东街 22 号　100010）

网　　址　www.sdxjpc.com

经　　销　新华书店

排版制作　北京红方众文科技咨询有限责任公司

印　　刷　北京隆昌伟业印刷有限公司

版　　次　2017年1月北京第 1 版

      2017年1月北京第 1 次印刷

开　　本　635毫米×965毫米 1/16　印张 13.25

字　　数　60千字　图242幅

印　　数　0,001—5,000册

定　　价　58.00元

（印装查询：010-64002715；邮购查询：010-84010542）